2022 최신 교과서 완벽 반영

글 박경렬 이홍석 | 그림 뭉선생 윤효식

주니어김영사

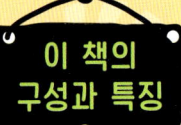
이 책의 구성과 특징

한국사 책이지만 간식단이 추천하는 이유!

사회 5-2 교과서

최신 사회 교과서를 충실히 반영했어요!

옛날 교과서가 아닌 지금 친구들이 학교에서 쓰는 사회 교과서의 내용을 바탕으로 만들었어요. 최신 교과서의 새로운 내용을 빠뜨리지 않았어요.

단 두 권, 150꼭지면 한국사의 흐름이 잡혀요!

한국사의 핵심 주제를 단 두 권, 150꼭지로 구성했어요. 처음부터 읽으면 한국사의 흐름이 이해되고, 궁금한 주제가 있으면 사전처럼 골라 읽어도 돼요.

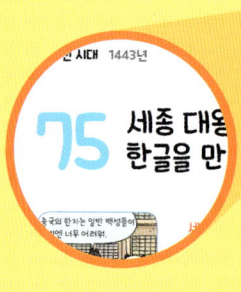

줄글 책이 이렇게 재미있을 줄이야!

인기 캐릭터 간식단과 함께
신나게 역사 탐험을 떠나 보아요.
옛날이야기 같이 재미있는 줄글에
4컷 만화와 삽화로 흥미를 더했어요.

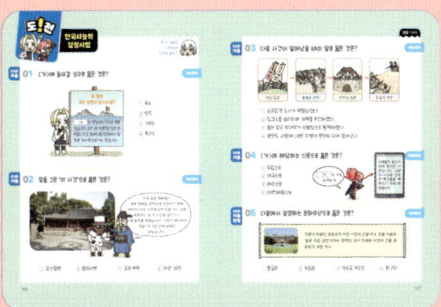

부모님도 선생님도 맘에 쏙 든 알찬 구성!

〈쏙쏙 퀴즈〉로 꼭지 내용을 점검하고,
〈역사 탐험 보고서〉로 각 시대를 정리해요.
〈간식 타임〉에서 학습 내용을 확인하고
〈한국사능력검정시험〉에 도전해 봐요!

차례

1 조선 시대 : 유교의 나라 조선

교과 연계 초등 사회 5-2
1. 옛사람들의 삶과 문화   ③ 민족 문화를 지켜 나간 조선
2. 사회의 새로운 변화와 오늘날의 우리   ① 새로운 사회를 향한 움직임

70	이성계, 위화도에서 회군하다	14
71	정도전, 조선의 기초를 세우다	16
72	한양 도성, 조선의 새 수도	18
73	아름답고 조화로운 조선의 궁궐	20
74	이방원, 왕자의 난을 일으키다	22
75	세종 대왕, 한글을 만들다	24
76	세조, 조카를 내쫓고 왕이 되다	26
77	『경국대전』, 조선의 법전이 완성되다	28
78	의정부와 6조, 조선의 통치 기구	30
79	조선 8도에 관리를 보내다	32
80	훈구와 사림, 서로 대립하다	34
81	사화, 선비들이 화를 입다	36
82	서원과 향약, 지방에 뿌리내리다	38
83	양반 중심의 사회가 만들어지다	40
84	신사임당, 시와 그림에 능한 예술가	42
85	임진왜란, 일본이 침입하다	44
86	이순신, 조선의 바다를 지키다	46
87	광해군, 중립 외교를 펼치다	48
88	병자호란, 청이 침입하다	50
89	사림이 붕당으로 나뉘어 다투다	52

90	영조, 탕평책을 실시하다	54
91	정조, 개혁 정책을 펼치다	56
92	정조, 수원 화성을 세우다	58
93	조선 후기의 사회 변화	60
94	통신사와 연행사, 외국으로 나가다	62
95	조선 후기의 실학과 국학	64
96	가족 제도와 풍속의 변화	66
97	서민 문화가 발달하다	68
98	풍속화와 민화, 백성의 삶을 그리다	70
99	세도 정치가 시작되다	72
100	홍경래의 난이 일어나다	74

 역사 탐험 보고서 ····· 76   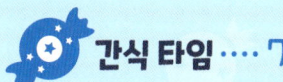 간식 타임 ····· 77   한국사능력검정시험 ····· 78

2 개항기 : 개화를 통해 근대로 나아가다

| 교과 연계 | 초등 사회 5-2 | 2. 사회의 새로운 변화와 오늘날의 우리 | ① 새로운 사회를 향한 움직임
② 일제의 침략과 광복을 위한 노력 |

101	흥선 대원군, 권력을 잡다	82
102	병인양요와 신미양요	84
103	강화도 조약, 나라의 문을 열다	86
104	개항을 반대한 위정척사 운동	88
105	급진 개화파의 꿈, 갑신정변	90
106	동학 농민 운동이 일어나다	92
107	갑오개혁과 을미사변	94
108	독립 협회, 『독립신문』을 펴내다	96
109	고종, 대한 제국의 황제가 되다	98
110	새로운 근대 문물이 들어오다	100

111	을사늑약으로 주권을 빼앗기다	102
112	헤이그 특사를 파견하다	104
113	항일 의병 운동, 일제에 맞서 싸우다	106
114	아는 것이 힘! 애국 계몽 운동	108
115	안중근, 이토 히로부미를 쏘다	110
116	독도와 간도	112

역사 탐험 보고서 …… 114   간식 타임 …… 115   한국사능력검정시험 …… 116

3 일제 강점기 : 일제의 식민 지배를 받다

교과 연계 초등 사회 5-2 2. 사회의 새로운 변화와 오늘날의 우리 ② 일제의 침략과 광복을 위한 노력

117	일본에 나라를 빼앗기다	120
118	일제, 토지 조사 사업을 벌이다	122
119	이회영 일가, 신흥 무관 학교를 세우다	124
120	독립 의지를 세계에 알린 3·1 운동	126
121	대한민국 임시 정부가 세워지다	128
122	일제, '문화 통치'를 내세우다	130
123	산미 증식 계획이 시행되다	132
124	민족의 힘을 키우자! 실력 양성 운동	134
125	학생들, 항일 운동에 나서다	136
126	독립운동 세력, 신간회로 뭉치다	138
127	봉오동 전투와 청산리 대첩	140
128	의열단, 일제의 심장을 겨누다	142
129	한인 애국단, 임시 정부를 되살리다	144
130	일제, 민족 말살 정책을 펼치다	146
131	전시 동원 체제를 강요받다	148

132 일제 강점기의 친일파들 ········· 150
133 한국 광복군이 만들어지다 ········· 152
134 여성 독립운동가들의 활약 ········· 154

 역사 탐험 보고서 ····· 156   간식 타임 ····· 157   한국사능력검정시험 ····· 158

4 현대 : 자랑스런 대한민국

교과 연계   초등 사회 5-2   2. 사회의 새로운 변화와 오늘날의 우리   ③ 대한민국 정부의 수립과 6·25 전쟁

135 8·15 광복과 남북의 분단 ········· 162
136 분단만은 막으려 한 좌우 합작 운동 ········· 164
137 제주 4·3 사건이 일어나다 ········· 166
138 대한민국 정부가 수립되다 ········· 168
139 민족 최대의 비극 6·25 전쟁 ········· 170
140 시민이 승리하다! 4·19 혁명 ········· 172
141 5·16 군사 정변을 일으키다 ········· 174
142 경제 개발 정책과 경제 성장 ········· 176
143 유신 선포와 민주화 운동 ········· 178
144 신군부와 5·18 민주화 운동 ········· 180
145 6월 민주 항쟁이 일어나다 ········· 182
146 민주주의가 발전하다 ········· 184
147 외환 위기를 극복하다 ········· 186
148 남북한 관계의 개선을 위한 노력 ········· 188
149 대중문화가 성장하다 ········· 190
150 전 세계 속의 한류 열풍 ········· 192

역사 탐험 보고서 ····· 194    간식 타임 ····· 195   한국사능력검정시험 ····· 196

등장인물 소개

스트로베리 · **초코** · **쿠앤크** · **바닐라**

간식단 세상의 모든 간식을 먹고 싶어 하는 밉지 않은 악당들이야. 다른 차원에서 온 시간 여행자의 부탁을 받고 우리 역사 속으로 탐험을 떠나게 돼.

이성계(태조)
조선을 건국한 왕이야. 고려 말에 신진 사대부들과 손잡고 고려를 무너뜨렸어.

세종
한글을 만든 왕이야. 과학, 기술, 문화, 국방 등 여러 분야에서 눈부신 업적을 남겼어.

연산군
조선 시대 악명 높은 폭군이야. 두 차례의 사화를 일으켜 많은 선비를 죽게 만들었어.

신사임당
시와 그림에 두루 능했던 예술가야. 대학자 율곡 이이의 어머니로 자식들을 훌륭하게 키워 냈어.

이순신
임진왜란의 영웅이야. 조선 수군을 이끌고 일본군과의 모든 전투를 승리로 이끌었어.

정조
조선 후기의 뛰어난 왕이야. 왕권을 강화하고 인재를 모아 개혁 정책을 펼쳤어.

박지원
조선 후기의 실학자야. 상공업에 힘써 나라의 경제를 발전시키자고 주장했어.

고종
조선 말 비운의 왕이야. 개화 정책을 추진했지만 일제의 침략을 막지 못했어.

전봉준
동학 농민 운동의 지도자야. 고통받던 지방 농민들을 이끌고 봉기를 일으켰어.

안중근
대한 제국 말의 독립운동가야. 을사늑약을 강요한 이토 히로부미를 사살했어.

유관순
3·1 운동 때 천안에서 어린 나이에 만세 운동을 주도했어. 일제의 모진 고문을 받고 세상을 떠났어.

윤봉길
한인 애국단원으로 활약한 독립운동가야. 중국 상하이에서 폭탄을 던져 일본 관리들을 제거했어.

프롤로그

두 번째 역사 탐험

어서 와~

애들아, 그동안 잘 지냈지? 그런데 지금 우리가 뭐 하는 거냐고? 그야, 간만에 편히 쉬는 중이지. 그동안 역사 탐험을 다니며 참 많은 일을 겪고 여러 사람을 만났잖아. 선사 시대부터 시작해서 고조선과 삼국 시대를 지나 고려 시대까지! 무척 피곤했지만 꽤나 재미있는 경험이었어.

게다가 탐험 보고서를 제출하면 시간 여행자가 보상으로 간식을 주었지. 입에서 살살 녹는 그 맛이란! 생각만 해도 군침이 돌 정도야.

어, 그런데 호랑이도 제 말하면 온다더니, 시간 여행자가 다시 우리 앞에 나타났네! 우리더러 어서 역사 탐험을 계속하라고 재촉하잖아? 싫어. 우리는 당분간 좀 쉬고 싶다고!

그런데 시간 여행자가 가방 속에서 정말 끝내주는 간식을 꺼내고 있어. 달콤한 시럽이 듬뿍 발라진 황금색 파이야! 눈으로 보고만 있는데도 파이가 우리를 유혹하는 목소리가 들리는 것 같아.

난 우주 최고의 파이~!!

'먹어 줘. 나를 맛봐 줘….'

에라, 모르겠다. 일단 먹고 보자고….

그런데 다 먹고 나니 자꾸만 졸음이 쏟아져. 왜 이렇게 졸리지…?

1 조선 시대

1392년 조선이 세워지다

1443년 세종, 한글을 만들다

1498년 무오사화가 일어나다

유교의 나라 조선

조선은 유교의 가르침에 따라 나라의 기초를 세웠어. 세종 때는 한글을 만드는 등 여러 분야에서 큰 발전을 이뤘지. 사림은 유교 도덕을 퍼뜨리며 양반 중심의 사회를 만들었어. 임진왜란과 병자호란으로 큰 피해를 입었지만, 조선 후기에는 경제가 발전하면서 서민 문화도 꽃피게 되었어. 영조와 정조 때 왕권이 강화되면서 정치가 안정되어 갔지만, 뒤이어 세도 정치가 시작되면서 백성의 삶은 힘들어졌어.

1592년
임진왜란, 일본이 침입하다

1725년
영조, 탕평책을 실시하다

1811년
홍경래의 난이 일어나다

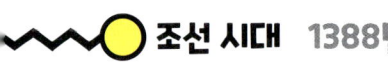

70 이성계, 위화도에서 회군하다

#이성계 #최영
#위화도 회군
#무서워서돌아온건아님

고려 말에는 중국의 홍건적이나 일본의 왜구가 자주 고려에 침입해 백성들을 약탈했어. 이때 이들을 물리치는 데 큰 공을 세운 장수들이 있었어. 대표적인 인물이 최영과 이성계야. 이들은 조정과 백성들로부터 *신망이 두터웠지. 몇몇 신진 사대부들은 **이성계**를 새로운 지도자감으로까지 생각하고 있었어.

한편 고려 말 우왕 때 중국에서는 원나라가 힘을 잃고 새롭게 명나라가 일어났어. 그런데 명나라가 고려에 시비를 걸어온 거야.

"우리가 원나라를 몰아냈으니, 고려는 예전 원나라가 다스렸던 철령 이북의 땅을 내놓아라!"

철령 이북의 땅은 공민왕 때 되찾았던 고려의 영토였어. 그걸 내놓으라니, 고려 입장에서는 어처구니없는 요구였지.

"명나라가 우리 고려를 우습게 보고 있습니다. 이 기회에 우리가 만만치 않다는 걸 보여 줘야 합니다!"

명나라를 공격하자는 **최영**의 말에 우왕은 고개를 끄덕였어. 그리고 이성계에게 군대를 이끌고 가서 명나라 요동 땅을 치라고 했지. 하지만 이성계는 **요동 정벌**에 반대했어. 명나라와 같은 큰 나라를 상대로 작은 나라가 전쟁을 벌일 수 없다는 것이었지. 전쟁을 하면 백성들이 괴롭고, 왜구들이 그 틈을 타 침입할 수 있었거든.

하지만 우왕과 최영은 고집을 꺾지 않았어. 이성계는 하는 수 없이 늑장을 부리며 요동으로 향했어. 결국 압록강의 위화도라는 섬에 이르게 되었지. 압록강만 넘으면 바로 요동이었어.

'명과 싸울 수는 없어. 그렇다면 왕의 명령을 거역해야 하나?'

한참을 고민하던 이성계는 결국 군대를 돌리기로 마음먹었어. 군사를 이끌고 그대로 바람같이 개경을 향해 달린 거야. 그리고 최영과 우왕을 쫓아내고 어린 창왕을 내세워 권력을 잡았어. 이 사건을 **위화도 회군**이라고 해. 회군이란 전진하던 군대를 뒤로 돌린다는 뜻이야. 이제 이성계를 막을 사람은 아무도 없었어.

 **태조 이성계**

조선을 세운 태조 이성계의 어진(왕의 초상화)이야.

위화도의 위치

위화도는 압록강에 있는 작은 섬이야. 압록강은 중국 요동과 한반도의 경계를 이루는 강이지. 이성계는 위화도에서 회군을 결정한 뒤 재빨리 이동해서 9일 만에 개경에 도착했어.

 쏙쏙 퀴즈 맞는 것 고르기

1 이성계는 요동 정벌에 (찬성/반대)했다.

2 이성계는 (위화도/강화도)에서 회군했다.

조선 시대 14세기 말

71 정도전, 조선의 기초를 세우다

#정도전 #조선 설계
#약은약사에게
정치는재상에게

위화도 회군으로 권력을 잡은 이성계에게는 든든한 지원군이 있었어. 바로 **신진 사대부**야. 신진 사대부는 백성들을 괴롭히는 고려의 권세가를 억누르고 나라의 잘못된 부분을 뜯어고쳐야 한다고 생각했던 사람들이야. 그중에는 정몽주나 정도전 같은 인물들이 있었어.

그런데 정몽주가 고려라는 나라를 유지하면서 어떻게든 문제를 해결하려고 했다면, **정도전**은 아예 새 나라를 세울 생각을 했어. 고려가 너무 많이 망가져서 더 이상 회복할 방법이 없다고 생각했기 때문이야. 정도전은 이성계와 손을 잡고 자신의 뜻을 펼치기로 결심했어.

"백성을 위하고 백성이 바탕이 되는 새 나라를 세워야 합니다."

정도전·조준 등 신진 사대부들은 이성계에게 왕위에 오르도록 설득했어. 1392년 **이성계**는 마침내 새로운 나라 **조선**을 세우고 첫 번째 왕이 돼. 그가 바로 **태조**야.

정도전은 조선이 새 나라의 틀을 갖추는 데 큰 역할을 했어. 우선 관리와 백성이 따라야 할 여러 가지 절차와 법을 정리했어. 대표적으로 『조선경국전』이라는 *법전을 펴냈지. 정도전이 바랐던 것은 왕이 아닌 *재상이 중심이 되어 나라를 다스리는 것이었어.

"왕은 타고나는 것이라 사람에 따라 능력이 없을 수도 있습니다. 그러니 가장 뛰어난 인물이 재상이 되어 나라를 다스려야 합니다."

정도전이 조선을 세우며 한 중요한 일이 또 있어. 바로 조선의 수도를 **한양**(서울)으로 옮길 때, 한양의 건물과 도로 건설을 계획했다는 것이야. 현재도 남아 있는 서울의 경복궁, 광화문 등 조선 시대의 주요 건물과 도로들은 대부분 이때 정도전이 계획한 거야.

이처럼 정도전은 앞으로 조선이 나아가야 할 방향을 제시했어. 그리고 구체적으로는 각 관리가 해야 할 일을 정하고 도시를 계획하는 것까지 맡아 했지. 조선이란 나라의 기초를 닦는 데 정도전의 손길이 닿지 않은 곳이 없을 정도야. 정도전은 '조선의 설계자'라고 불릴 만큼 조선 건국에 큰 영향을 끼친 인물이었어.

낱말 체크

★**법전** 나라에서 만든 모든 법을 한데 모아 정리한 책.

★**재상** 임금을 도와서 정치를 하던 높은 벼슬아치.

『삼봉집』

『삼봉집』은 정도전이 쓴 문집이야. 문집은 누군가의 시나 글을 모아 엮은 책을 말해.

단양 도담삼봉

도담삼봉은 충청북도 단양군의 남한강 위로 솟아 있는 세 개의 봉우리야. 아름다운 경치로 유명해. 정도전은 이곳을 특히나 사랑해서 자신의 호(별명)를 '삼봉'이라 지을 정도였대.

쏙쏙 퀴즈 — 맞으면 O, 틀리면 X

1. 이성계는 조선의 첫 번째 왕이 되었다.

2. 정도전은 고려에 끝까지 충성했다.

 조선 시대 14세기 말

72 한양 도성, 조선의 새 수도

#한양 도성 #경복궁
#종묘 #사직
#인의예지_꼭지키셈

조선 시대 사람들은 <u>유교</u>를 중요하게 생각했어. 유교에서는 예의를 지키고 부모님께 효도하며 임금님께 충성을 다 해야 한다고 가르쳤지. 또 농사가 모든 일의 근본이라고 여겼어. 한양의 설계자였던 정도전은 **한양 도성**을 만들면서 이러한 유교의 가르침을 담아내고 싶었어.

"새 궁궐을 짓고 종묘·사직을 세워야겠군."

정도전은 한양 도성을 지으면서 주변의 *자연환경과 지어야 할 건물의 쓰임새를 생각해서 각 건물의 위치를 정하고 이름을 지었어.

도성의 중앙에는 왕이 사는 궁궐인 **경복궁**을 세웠어. 그리고 경복궁의 동쪽에는 조선의 *역대 왕과 왕비들을 기리는 **종묘**를 만들었

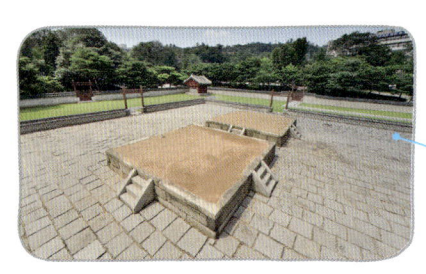

지. 서쪽에는 토지와 곡식의 신에게 제사를 지내는 장소인 **사직단**도 만들었어.

정도전은 도성 성벽의 동서남북 방향에 4개의 문을 내면서도 유교의 가르침을 담았어. 유교에서는 사람이 가져야 할 마음가짐을 '인의예지(仁義禮智)'라고 하거든. '인'은 마음이 착하고 너그럽다는 뜻이고, '의'는 행동이 옳고 바르다는 뜻이야. '예'는 예절을 안다는 뜻이고, '지'는 지혜롭다는 뜻이지.

이 글자들을 **사대문**의 이름에 각각 하나씩 넣어서 동쪽 문은 흥인지문, 서쪽 문은 돈의문, 남쪽 문은 숭례문이라고 지었어. 북쪽의 숙청문만 이름을 조금 다르게 지었는데, '청(淸)'이란 글자에 '지혜(智)'라는 뜻이 담겨 있다고 보기도 해. 그런데 이 문의 이름은 나중에 숙정문으로 바뀌었어.

또 정도전은 관리들이 일하는 관청과 상인들이 모이는 청계천 주변의 시장, 양반이 모여 사는 동네인 북촌까지 모두 계획했어.

언젠가 서울 거리를 돌아다니게 될 때 한양 도성의 이러한 옛 공간을 찾아보면 좋겠지?

낱말 체크

★**자연환경** 산·강·바다·동물·식물 등 자연의 조건이나 상태.

★**역대** 대대로 이어 내려온 여러 대. 또는 그동안.

쏙쏙 퀴즈 - 맞는 것 고르기

1 한양 사대문의 이름에는 (불교/**유교**)의 가르침이 담겨 있다.

2 토지와 곡식의 신에게 제사 지내는 장소는 (**사직단**/종묘)이다.

건물의 이름에 유교의 가르침을 담았다니 재미있네.

73 아름답고 조화로운 조선의 궁궐

#경복궁_창덕궁_창경궁
_덕수궁_경희궁
#전생에내가살던곳인듯

궁궐은 왕이 사는 곳이야. 왕이 나랏일을 하고 식사도 하고 잠도 자는 곳이지. 서울에는 조선 시대에 지어진 궁궐이 모두 5곳 있어. 바로 경복궁, 창덕궁, 창경궁, 덕수궁, 경희궁이야. 그중 **경복궁**이 1395년에 가장 먼저 지어졌어. 경복궁의 이름을 지은 것도 정도전이야.

"앞으로 조선이 큰 복을 누리며 번성하라는 뜻에서 궁궐의 이름을 '경복궁'이라 하면 어떻겠습니까?"

경복궁은 가장 규모가 큰 궁궐로, 많은 건물이 들어서 있어. 근정전, 강녕전, 경회루, 향원정 등등…. 각 건물의 이름이 어려워 보여도 이름에 사용된 한자를 살펴보면 그 건물의 쓰임새를 알 수 있지.

근정전의 '근정(勤政)'은 근면하게 나라를 다스린다는 뜻이야. 왕

과 신하들이 모여 나랏일을 의논하는 곳이지. 강녕전의 '강녕(康寧)'은 편안하다는 뜻이야. 왕이 잠을 자는 곳이지. 경회루의 '경회(慶會)'는 '*경사스러운 연회'라는 뜻이야. 나라의 큰 행사 때 잔치를 벌였던 곳이지.

두 번째 궁궐인 **창덕궁**은 조선의 3대 왕인 태종 때 지어졌어.

"매일 나랏일만 하려니 힘들군. 편히 쉴 공간을 만들어야지."

태종은 창덕궁을 짓고 그 뒤편에 크고 아름다운 *후원을 만들었어. 건물들이 평지에 가지런히 배치되어 있는 경복궁과 달리, 창덕궁의 건물들은 산자락을 따라 자연과 어울리며 조화롭게 지어졌지. 왕실 사람들이 휴식을 취하거나 과거 시험을 치렀던 후원은 지금도 인기 있는 관광 코스야. 창덕궁과 후원은 세계적으로도 그 아름다움을 인정받아 세계 문화유산으로 등록되었어.

태종의 뒤를 이은 세종 때는 창덕궁 바로 옆에 **창경궁**을 지었어. 그래서 두 궁궐은 한 공간처럼 연결되어 있지. 태종과 세종 이후로 조선의 왕들은 경복궁보다 창덕궁에 머무는 경우가 많았다고 해.

덕수궁과 경희궁은 앞서 소개한 궁들보다는 규모가 작아. **덕수궁**은 왕이 임시로 머물던 곳을 궁궐로 바꾼 거야. **경희궁**은 비상시에 왕이 피신할 수 있도록 만든 궁궐이었어.

자 이제 조선 시대 궁궐에 대해 알게 되었으니 이번 주말에는 궁궐로 놀러 가 볼까?

낱말 체크

★**경사스럽다** 기뻐하고 즐거워할 만하다.

★**후원** 대궐이나 큰 집의 뒤에 꾸며 놓은 정원.

품계석

품계석은 신하들이 자신의 계급(품계)에 맞게 설 수 있도록 품계를 새긴 돌이야. 궁궐의 중심이 되는 건물 앞에 있어.

경복궁 경회루

경회루는 외국의 사신이 왔을 때나 나라의 큰 행사가 있을 때 잔치를 벌이던 곳으로, 조선 태종 때 만들어졌어. 연못을 파고 그 위에 세운 건물로, 그 모습이 매우 아름다운 것으로 유명해.

쏙쏙 퀴즈 맞으면 O, 틀리면 X

1 한양 도성에 첫 번째로 세운 궁궐은 창덕궁이다.

2 경복궁의 이름을 지은 사람은 정도전이다.

조선 시대 1398년

74 이방원, 왕자의 난을 일으키다

#이방원 #왕자의 난
#왕권 강화
#권력엔부모형제도없음

태조 이성계에는 8명의 아들이 있었어. 그중 조선을 세우는 데 가장 큰 공을 세운 사람이 다섯째 아들 **이방원**이야. 그런데 이방원은 정도전을 몹시 싫어했어. 재상이 중심이 되어 나라를 다스리자는 정도전의 주장이 마음에 들지 않았거든.

"나라에 왕이 있거늘, 어찌 신하가 함부로 나서려 하는가!"

두 사람은 다음 왕이 될 *세자 자리를 놓고 대립했어. 이성계는 막내아들 이방석을 세자로 삼고 싶어 했고, 정도전을 비롯한 대신들은 이를 지지했지. 이방석은 이성계의 두 번째 부인인 강씨 부인이 낳은 자식으로 당시에 11살밖에 되지 않았어. 이방석이 세자로 결정되자 이방원의 분노는 폭발하고 말았어.

"왕을 *꼭두각시로 앉혀 놓고 대신들 마음대로 하려 하는구나!"

어린 막내가 세자가 된 게 불만이었던 이방원은 기회를 틈타 군사를 일으켰어. 그리고 정도전은 물론이고 강씨 부인의 아들 둘을 모두 죽여 버렸지. 이 사건을 **제1차 왕자의 난**(1398)이라고 해.

이방원은 일단 둘째 형을 자기 대신 세자로 내세워 왕위에 오르게 했어. 그가 바로 조선의 2대 임금 정종이야. 이방원은 자신이 왕이 되려고 동생을 죽인 것이라고 사람들이 손가락질할까 봐 두려웠던 거지. 얼마 뒤 넷째 형 이방간이 자신에게 반기를 들자, 다시 병사를 동원해 그를 붙잡아 *추방해 버렸어. 이 사건을 **제2차 왕자의 난**(1400)이라고 해. 이방원은 얼마 뒤 정종에게서 왕위를 물려받게 돼. 그가 바로 조선의 3대 임금 태종이야.

왕이 된 태종은 신하들이 거느린 병사를 모두 해산하도록 했어.

"신하가 왕보다 힘이 있는 건 말이 안 되는 법!"

그리고 재상들이 모인 의정부의 역할을 줄이고 각 부서에서 하는 일을 왕에게 직접 보고하도록 했어. 왕권을 크게 강화한 거야.

태종은 또 호패법을 실시해 백성들이 '호패'라는 신분증을 지니고 다니도록 했어. 그리고 전국을 8도로 나누어 지방에 관리를 파견하고 감독했지. 태종은 자기 형제를 죽인 무서운 사람이었지만, 이처럼 왕권을 강화하고 조선의 기틀을 다진 왕이기도 했어.

낱말 체크

★**세자** 왕의 자리를 이을 왕자.

★**꼭두각시** 남이 시키는 대로만 움직이는 사람이나 조직.

★**추방** 일정한 지역이나 조직 밖으로 쫓아냄.

호패

조선 후기 통신사로 활약했던 김이교의 호패야. 이름, 태어난 해, 과거에 합격한 연도 등이 새겨져 있어.

조선에서 만든 세계 지도

태종 때 만들어진 세계 지도인 「혼일강리역대국도지도」야. 지금 우리가 아는 세계 지도와는 많이 다르지? 한반도가 실제보다 크게 그려져 있고, 일본은 한반도의 아래쪽에 작게 그려져 있어.

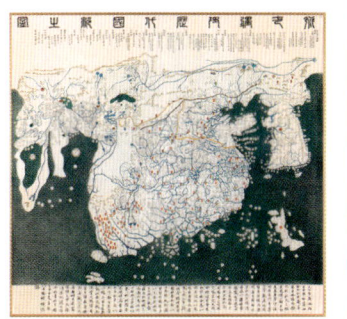

쏙쏙 퀴즈 — 맞는 것 고르기

1 태종은 (재상/왕)이 중심이 되어 나라를 다스리길 바랐다.

2 태종은 백성들이 (호패/마패)를 지니고 다니게 했다.

조선 시대 1443년

75 세종 대왕, 한글을 만들다

#세종 대왕 #훈민정음
#업적이너무많아
다적을수가없음

세종은 누구보다 백성을 사랑하는 왕이었어. 그래서 백성이 더 나은 삶을 살 수 있도록 평생을 연구하고 백성을 위한 정책을 펼쳤지. 세종의 노력으로 조선은 과학, 기술, 문화, *국방 등 여러 분야에서 눈부신 발전을 이루었어.

세종은 우선 **집현전**이란 연구 기관을 두고 신하들에게 여러 분야를 깊이 연구하게 했어. 신분은 낮았지만 뛰어난 과학 기술자였던 **장영실**을 관리로 뽑아 쓰기도 했지.

"백성들이 농사를 잘 지을 수 있도록 우리 땅에 맞는 농사법을 찾도록 하라! 또 날씨를 살피는 관측 기구와 시간을 알 수 있는 해시계, 물시계도 만들도록 하라!"

세종은 또 최윤덕과 김종서를 시켜 ★북방의 **4군과 6진**을 개척해 우리나라의 영토를 넓히기도 했어. 오늘까지 이어지는 우리나라의 영토는 세종 때에 완성된 셈이야.

이처럼 많은 업적을 이룩한 세종이지만, 그중에서도 가장 빛나는 업적은 바로 한글을 만들었다는 점이야. 당시에는 우리 글자가 없어서, 중국의 한자를 가져와 글을 써야 했어. 그러다 보니 우리말을 제대로 표현할 수 없었지. 게다가 한자는 일반 백성이 배우기에는 너무 어려웠어. 세종은 고민 끝에 결심했어.

"그래, 백성들도 읽고 쓰기 쉬운 글자를 만들자!"

그런데 신하들의 반대가 생각보다 거셌어.

"전하! 이미 중국의 한자가 있는데, 또 다른 글자를 만들다니요! 이는 전통에 어긋납니다. 시간 낭비일 뿐입니다."

하지만 세종은 신하들의 반대에도 새로운 글자를 만드는 일을 포기하지 않았어. 세종은 결국 꿋꿋이 연구를 거듭해 1443년 **훈민정음**, 즉 지금의 한글을 만들었어. 한글은 누구나 쉽게 배워서 쓸 수 있게 만든 매우 과학적인 문자야. 한글은 일반 백성들 사이에 널리 퍼져 생활에 큰 도움을 주었지. 지금 우리가 편리하게 한글을 쓸 수 있는 것은 모두 세종 대왕님 덕분이야!

낱말 체크

★**국방** 다른 나라의 침략에 대비하고 나라를 지키는 일.

★**북방** 북쪽 지방.

세종 때의 문화유산

앙부일구
세종 때 백성들에게 시간을 알려주기 위해 만든 해시계야.

『훈민정음 해례본』
조선 세종 때 훈민정음(한글)의 사용 방법을 알리기 위해 만든 책이야.

4군 6진을 개척하다

세종은 북쪽 여진의 침입을 물리치고 새 영토를 개척했어. 최윤덕을 시켜 4군을, 김종서를 시켜 6진을 개척했지. 이로써 압록강과 두만강을 경계로 하는 우리나라의 영토가 완성됐어.

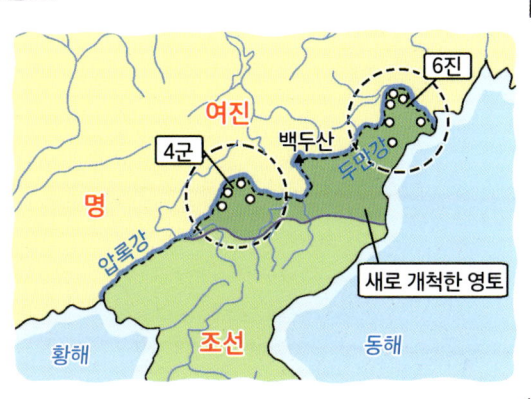

쏙쏙 퀴즈 맞으면 O, 틀리면 X

1. 세종은 규장각이란 연구 기관을 설치했다.

2. 세종의 신하들도 한글을 만드는 것에 찬성했다.

조선 시대 1453년

76 세조, 조카를 내쫓고 왕이 되다

#단종 #세조
#계유정난 #사육신
#세조의롤모델은태종

세종의 뒤를 이어 왕이 된 문종은 세자 시절부터 세종을 도와 나랏일을 잘 처리했어. 그러나 몸이 허약했던 문종은 왕이 된 지 2년 만에 죽고, 그 아들이었던 **단종**이 12살의 어린 나이에 왕이 되었지. 요즘으로 치면 초등학생이 왕이 된 상황인 거야!

"전하, 저희 대신들이 전하를 도와 나라를 다스리겠나이다."

단종은 나라를 다스리기에는 너무 어려서 문종의 부탁을 받은 대신들이 나라를 다스렸어. 대신들이 정치를 이끌어 가자 여기에 불만을 품은 사람이 나타났는데, 바로 문종의 동생이자 단종의 삼촌인 **수양 대군**이었지.

"나라는 강력한 왕이 다스려야 하는 법이야. 대신들이 어린 왕을

쥐고 흔들다니, 어림없지!"

마침내 수양 대군은 반란을 일으켜 자신을 반대하는 대신들을 죽이고 권력을 잡았어. 이 사건을 **계유정난**(1453)이라고 해. 그는 조카인 단종을 몰아내고 왕이 되었는데, 바로 조선의 일곱 번째 왕 **세조**야.

한편 단종을 따르는 신하들은 몰래 세조를 몰아내고 단종을 다시 왕으로 ★복위시키려는 계획을 세웠어.

"역적 수양을 처단하고 불쌍한 전하를 다시 왕위로 모십시다!"

하지만 그들의 계획은 ★사전에 들켜 버렸어. 결국 모두 붙잡혀 죽임을 당하고 말았지. 이때 단종에 충성하다가 죽은 여섯 명의 신하를 **사육신**이라고 해. 단종 역시 강원도 영월로 ★유배되었다가 17살의 어린 나이로 삶을 끝마쳤어.

세조는 조카의 자리를 빼앗아 왕이 되었다는 비난을 피할 수 없었어. 하지만 왕이 된 후에는 열심히 나라를 다스리며 많은 업적을 남기기도 했지. 우선 세조는 약해졌던 왕의 권한을 강화했어. 태종처럼 각 ★행정 기관이 대신들을 거치지 않고 왕에게 직접 보고하게 했지. 또한 나라의 인구를 조사하고, 태종 때 실시되었다가 중단되었던 호패법을 다시 시행했어. 나라의 살림을 키울 기틀을 만든 거야. 그리고 군사를 길러 국방을 튼튼히 하는 데에도 힘썼어.

낱말 체크

★**복위** 쫓겨났던 왕이나 왕비가 다시 그 자리에 오르는 것.

★**사전** 일이 일어나기 전. 또는 일을 시작하기 전.

★**유배** 죄인을 귀양 보냄.

★**행정** 법이나 규정에 따라 공적인 일들을 처리하는 것.

원각사지 10층 석탑

세조는 현재의 서울 종로구 탑골 공원 자리에 원각사라는 절과 10층 석탑을 세웠어. 대리석으로 만들어진 석탑에는 부처, 용, 사자, 연꽃 등이 섬세하게 조각되어 있어.

🔍 단종의 유배지

강원도 영월의 청령포야. 세조에게 왕위를 빼앗긴 단종이 유배된 곳이지. 삼면이 강으로 둘러싸여 있어 성과 같은 모습을 하고 있어. 단종은 이곳에서 쓸쓸히 죽음을 맞이했어.

쏙쏙 퀴즈 - 맞는 것 고르기

1 (세조/태조)는 어린 단종을 몰아내고 왕이 되었다.

2 (사육신/생육신)은 단종의 편을 들다 죽임을 당했다.

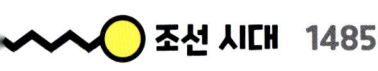 조선 시대 1485년

77 『경국대전』, 조선의 법전이 완성되다

#경국대전 #세조 시작 #성종 완성 #자이제법대로할까?

나라를 다스리는 데는 원칙이 필요해. 이것이 바로 법이야. 조선 역시 백성들이 따라야 할 법이 필요했어. 그래서 조선 세조 때에는 조선의 현실에 맞는 법을 모아 법전으로 펴내려는 계획을 세웠어. 법은 시간이 흐름에 따라 현실에 맞게 조금씩 고쳐 쓰게 되거든. 그런데 그 내용을 잘 정리해서 책으로 만들어 두지 않으면 나중엔 내용이 뒤죽박죽이 되어 헷갈리겠지?

"이제부터 조선의 법을 체계적인 법전으로 만드는 작업을 시작하겠다."

하지만 새로운 법전을 완성하기까지는 꽤 오랜 시간이 걸렸어. 세조의 뒤를 이은 예종을 지나 그다음 **성종** 때가 되어서야 새 법

전을 완성하고 시행할 수 있었지. 이것이 바로 조선 최고의 법전인 『경국대전』이야.

"이제부터 모든 일을 『경국대전』에 따라 처리하도록 하라!"

『경국대전』이란 '나라를 다스리는 큰 법전'이라는 뜻이야. 여기에는 나라를 다스리는 데 필요한 거의 모든 내용이 담겨 있어. 나랏일을 처리하는 행정 기관이었던 6조의 업무를 기준으로 「이전」, 「호전」, 「예전」, 「병전」, 「형전」, 「공전」의 순서로 엮었지.

『경국대전』에는 조선 시대 사람들의 다양한 생활 모습을 보여주는 내용도 담겨 있어. 예를 들어 남자는 15살, 여자는 14살이 되어야 결혼할 수 있다고 되어 있어. 관청에서 일하는 여자 노비가 아이를 갖게 되면 총 80일의 *출산 휴가를 준다는 내용도 있어.

『경국대전』이 완성된 이후로도 『경국대전』의 내용을 보충하는 법전들이 계속 만들어졌어. 하지만 그 법전들은 『경국대전』의 내용에서 크게 벗어나지 않았지. 이처럼 『경국대전』은 조선이 멸망할 때까지 약 500년 동안 **조선의 기본 법전** 역할을 했어.

『경국대전』은 나라를 다스리는 원칙은 무엇이었는지, 조선 시대 사람들이 어떻게 살았는지 등을 알 수 있는 귀중한 자료야.

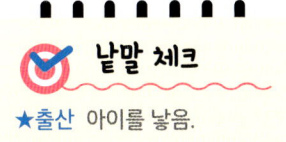

낱말 체크

★**출산** 아이를 낳음.

『경국대전』

성종 때 완성된 조선 왕조의 기본 법전이야.

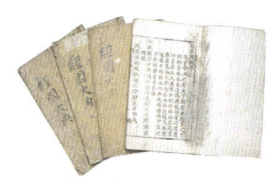

각 법전은 다음에 관한 규정을 담고 있어.

이전	행정, 관리
호전	재정, 경제
예전	외교, 교육
병전	국방, 군사
형전	형벌, 재판
공전	건축, 산림

경연, 왕의 공부

경연은 왕이 신하들과 함께 유학을 공부하고 정책을 논의하는 자리였어. 특히 세종과 성종은 경연에 열심히 참여했던 왕으로 유명해. 왕도 나라를 잘 다스리려면 공부를 열심히 해야 했겠지?

쏙쏙 퀴즈 - 맞으면 O, 틀리면 X

1 조선의 기본 법전 『경국대전』은 세조 때 완성되었다. ☐

2 『경국대전』은 '나라를 다스리는 큰 법전'이란 뜻이다. ☐

조선 시대

78 의정부와 6조, 조선의 통치 기구

#의정부 #6조
#승정원 #3사
#왕이라도제멋대로못함

조선을 다스리는 최고의 지도자는 **왕**이었지만, 왕 혼자서 나라를 다스릴 수는 없었어. 그래서 조선에서는 의정부와 6조를 두어 왕을 도와 나랏일을 처리했지.

의정부는 신하들 중 가장 높은 지위의 정승들이 모여 중요한 정책을 논의하고 결정하던 곳이었어. **6조**는 나라의 행정 업무를 담당하는 곳이었어. 6조에는 이조, 호조, 예조, 병조, 형조, 공조가 있었지. 각각 행정, 재정, 외교와 교육, 국방, 법 집행, 건축과 산림을 담당했어.

조선의 왕들은 의정부를 통해 나랏일을 돌보기도 했고, 때로는 6조로부터 직접 중요한 일들을 보고받아 나랏일을 처리하기도 했어.

의정부가 나랏일을 도맡을 때는 정승을 비롯한 대신들의 입김이 강했고, 왕이 직접 나랏일을 돌볼 때는 왕의 힘이 강력했지.

그런데 조선에는 왕과 대신들 어느 한쪽으로 힘이 치우치는 것을 막기 위한 장치가 있었어. 그것이 바로 **3사**야. 3사는 사헌부, 사간원, 홍문관을 통틀어 부르는 말이야. 요즘으로 치면 방송국이나 신문사 등의 *언론 기관처럼 정책을 감시하고 비판하는 역할을 했지. 만일 왕이나 높은 신하들이 정치를 잘못하면 3사가 나서서 이렇게 비판하는 거야.

"아니 되옵니다, 전하!"

"*뇌물을 받은 아무개 대감을 관직에서 쫓아 버리시옵소서!"

3사의 관리가 되면 정치에 큰 영향을 줄 수 있었기 때문에 많은 신하가 3사에서 일하고 싶어 했대. 하지만 그만큼 3사의 관리에게는 용기와 책임감도 필요했어. 왕이나 힘센 대신들 앞에서 바른말을 하는 것은 아무나 할 수 없는 일이었으니까.

그밖에도 왕의 비서실이었던 **승정원**, 나라의 큰 범죄와 죄인을 처리했던 의금부, 조정에서 일어나는 일을 기록하는 일을 맡았던 춘추관, 인재를 기르는 학교인 성균관 등이 있었어. 조선의 왕은 이런 여러 기관의 도움을 받아 나라를 다스렸던 거야.

낱말 체크

★**언론** 신문이나 방송 등에서 사실이나 문제 등을 널리 알리는 것.

★**뇌물** 권력자에게 자기를 이롭게 해 달라고 부정하게 주는 돈이나 물건.

정승

정승이란 최고 지위의 관리를 말해. 영의정, 좌의정, 우의정의 3정승이 있었어. 이들은 의정부의 주축으로, 왕을 도와 정책을 논의하고 결정했어. 정승은 다른 말로 재상이라고도 해. 사극 드라마를 보면 영의정과 좌의정을 '영상', '좌상'이라 부르는 것을 볼 수 있는데, 여기서 '상'은 '재상'을 뜻하는 거야.

『조선왕조실록』

춘추관의 관리들은 그날그날 왕궁에서 벌어지는 일을 꼼꼼히 기록했어. 『조선왕조실록』은 이 기록을 모아서 펴낸 역사책이야. 조선의 제1대 태조 임금부터 제25대 철종 임금 때까지 엄청난 양의 조선 역사가 기록되어 있어.

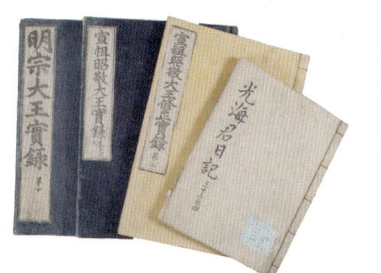

쏙쏙 퀴즈 맞는 것 고르기

1 정승들이 모여 중요한 정책을 논의하던 곳은 (**의정부**/6조)다.

2 (6조/**3사**)는 잘못된 정책을 감시하고 비판하는 역할을 했다.

79 조선 8도에 관리를 보내다

#전국 8도
#수령 #관찰사
#지방에선수령이제일셈

우리나라를 '전국 8도'라거나 '8도 강산'이라고 부르는 걸 들어본 적 있니? 이 **8도**는 조선 태종 때 만들어졌어. 태종은 전국을 8개의 도로 나누고 여기에 '함길도(함경도)', '평안도', '황해도', '경기도', '강원도', '충청도', '전라도', '경상도'라는 이름을 붙였어.

각 도의 이름을 정한 방법은 의외로 간단해. 각 도에서 가장 큰 고을 두 곳의 이름 앞글자를 따서 합친 거야. 예를 들어 강원도는 강릉과 원주, 충청도는 충주와 청주, 전라도는 전주와 나주 지역의 도라는 뜻이야. 경기도만 조금 특별한데, '경기'는 서울과 그 주변 지역이라는 뜻이야.

이때 만들어진 8도의 이름은 크게 변하지 않고 오늘날까지 이어져 오고 있어. 그런데 제주도는 왜 없냐고? 제주도는 조선 시대에

는 전라도에 속한 지역이었거든. 훨씬 나중인 1946년이 되어서야 별도의 도가 될 수 있었어.

조선은 도 밑에 고을의 크기에 따라 부, 목, 군, 현이라는 행정 구역을 두었어. 부, 목, 군, 현에 파견된 관리를 수령이라고 했지. 수령들은 자기가 맡은 지역에서 왕을 대신해 고을의 일을 돌보았어.

"이 고을에서는 모두 수령인 내 말을 듣도록 해라!"

백성들을 위해서 고을을 잘 다스리는 좋은 수령들도 있었지만, 백성들을 괴롭히는 나쁜 수령들도 있었지. 그럼 나쁜 수령들은 어떻게 하냐고? 수령들이 나쁜 짓을 하지 못하도록 감시했던 관리가 바로 관찰사야.

'관찰사'는 '감사'라고도 불렸는데, 도마다 한 명씩 있었어. 관찰사는 자신이 담당하는 도를 구석구석 돌아다니면서 수령들의 *잘잘못을 보고하고 도의 중요한 일들을 처리했지.

이처럼 조선 시대에는 전국을 8개의 도로 나누고 구석구석까지 모두 관리들을 보내 백성들을 꼼꼼히 다스리려고 했어.

낱말 체크
★잘잘못 잘함과 잘못함.

사또와 이방

사극이나 옛날 이야기를 보면 '사또'나 '이방'이라 불리는 사람을 종종 볼 수 있어. '사또'는 조선 시대 각 고을을 다스리는 수령을 부를 때 썼던 말이야. '원님'이라고도 불렀지. '이방'은 고을 관청에서 수령을 돕는 일을 했던 사람이야. 이방 말고도 '호방', '예방' 등이 있었는데, 이들을 통틀어 '향리'라고 불렀어.

❓ 조선 8도

경기도를 제외한 각 도의 이름은 해당 도에서 가장 큰 고을 두 곳의 이름 앞글자를 합쳐서 만들었어. 평안도는 평주와 안주, 함경도는 함흥과 경성, 황해도는 황주와 해주, 강원도는 강릉과 원주, 충청도는 충주와 청주, 경상도는 경주와 상주, 전라도는 전주와 나주가 그 고을들이야.

쏙쏙 퀴즈 - 맞으면 O, 틀리면 X

1 조선 시대에는 전국을 8개의 도로 나누었다. ☐

2 관찰사는 고을의 수령을 감시하는 역할을 했다. ☐

33

조선 시대 **15세기 말**

80 훈구와 사림, 서로 대립하다

#성종 때 사림 성장
#훈구와 사림의 대립
#뭔가큰일이터질거같음ㅜ

세조가 단종을 몰아내고 왕이 되었던 것 기억나니? 세조가 왕이 되는 데는 세조를 따르던 부하들의 도움이 컸어. 대표적으로 한명회와 같은 부하가 있었지. 세조는 자신을 도와준 부하들을 *공신으로 삼고 높은 벼슬을 주었어.

공신들은 차츰 나라의 중요한 자리들을 모두 차지하고 나라로부터 넓은 땅을 받아 큰 부자가 되었어. 또한 자기들끼리만 결혼하면서 힘을 키워 갔지. 성종 대에 이르면 이들은 큰 세력을 이루게 됐는데, 이들을 **훈구**라고 불렀어. 훈구는 '나라에 큰 공을 세우고 오랫동안 일한 신하'라는 뜻이야.

"조선의 모든 권력과 재물이 다 우리 것이로다. 크하하!"

훈구의 힘이 너무 커지자 **성종**은 이들을 견제하기 위해 젊은 선비들을 뽑아 3사의 중요한 자리에 앉혔어. 이 선비들은 지방에서 유학 공부와 교육에 힘쓰던 사람들이었어. 이들은 유학의 도덕에 따라 백성들을 바르게 다스려야 한다고 생각했지. 이들이 보기에 훈구는 참 문제가 많은 세력이었어.

3사에 모인 신하들은 훈구 세력을 비판하며 힘을 키웠어. 이들 역시 차츰 하나의 세력을 이루었는데, 사람들은 이들을 **사림**이라고 불렀어. 사림은 '선비들의 무리'라는 뜻이야.

훈구와 사림은 서로의 잘못을 지적하며 ★사사건건 대립했어.

"전하, 아무개 대신의 죄가 크니 벌을 주어야 합니다!"

"전하, 저들은 쓸데없는 트집을 잡아 나랏일을 어지럽히려 합니다. 저들의 말을 듣지 마시옵소서!"

성종은 자신이 불러 모은 사림과 원래부터 있던 훈구 사이에서 나름대로 균형을 이루며 정치를 이끌어 갔어. 하지만 성종이 죽고 나서는 **훈구와 사림의 대립**은 더 심해졌지. 결국 돌이킬 수 없는 상황이 벌어지게 돼.

낱말 체크

★**공신** 나라를 위해 특별한 공을 세운 신하.

★**사사건건** 모든 일마다.

한명회

한명회는 훈구의 대표적인 인물이야. 수양 대군(세조)의 부하로 수양 대군이 단종을 위협해 왕이 되는 데 많은 공을 세웠어. 한명회는 공을 인정받아 공신이 되어 높은 벼슬을 얻었지. 그는 성종 때까지 큰 권력을 누렸어. 늙어서는 한강변에 '압구정'이라는 정자를 지었어. 지금의 서울 압구정이 바로 이 정자가 있던 곳이라고 해.

사림을 키워낸 김종직

사림의 뿌리는 고려 말 정몽주와 길재에서 시작해. 정몽주와 길재는 모두 고려가 망했을 때 새 나라 조선을 섬기지 않고 고려에 충성을 다한 성리학자야. 그중 길재의 제자였던 김종직은 지방에서 많은 선비를 제자로 키웠는데, 이들이 훗날 사림을 이루게 되었어.

쏙쏙 퀴즈 맞는 것 고르기

1 (훈구/**사림**)은/는 '선비들의 무리'를 뜻한다.

2 훈구와 사림은 사사건건 서로 (**대립**/협력)했다.

조선 시대 15세기 말~16세기 중반

81 사화, 선비들이 화를 입다

#네 차례 사화 #중종반정
#똑바로읽어도거꾸로읽어도
조광조입니다

성종이 죽고 그 아들인 **연산군**이 왕이 되자 조정의 분위기가 크게 바뀌었어. 연산군은 사림의 잔소리가 몹시 듣기 싫었거든.

"전하, 그것은 아니 되옵니다!"

"그대들은 항상 귀찮은 소리만 하는구나!"

때마침 훈구가 사림을 *모함하자, 연산군은 사화를 일으켰어. 사화는 '사림이 입은 화'를 뜻해. 연산군은 사림이 자신의 증조할아버지인 세조를 비판했다는 구실로 많은 사림을 죽이거나 조정에서 쫓아냈어. 무오년(1498)에 일어난 사화라 **무오사화**라고 해.

연산군은 또 자신의 어머니가 억울하게 세상을 떠났다고 생각하고, 그 일에 관련되었다는 이유로 많은 신하들을 죽여 버렸지. 이

사건이 **갑자사화**(1504)야. 이때는 사림뿐 아니라 훈구 대신들도 함께 큰 피해를 입었어.

이제 연산군 곁에는 듣기 좋은 말만 하는 신하들만 남았어. 연산군은 술과 여자에 빠져 나랏일을 돌보지 않았지. 더 이상 참을 수 없었던 일부 신하들은 반란을 일으켜 연산군을 몰아내고 중종을 새 왕으로 앉혔어. 이 사건이 **중종반정**(1506)이야.

새로 왕이 된 중종은 다시 사림을 ★등용했어. 그중 **조광조**는 학문에 뛰어나고 성품이 올곧아서 사림 안에서 큰 존경을 받는 인물이었어. 조광조는 사림을 이끌며 훈구를 비판하는 데 앞장섰지.

"전하, 공도 없이 공신이 된 훈구를 공신 명단에서 빼야 합니다!"

훈구 입장에서는 당연히 조광조를 좋게 보지 않았겠지? 훈구가 계속해서 조광조를 헐뜯자, 중종은 결국 조광조와 사림들을 조정에서 쫓아냈어. 이것이 세 번째 사화인 **기묘사화**(1519)야.

중종의 아들인 명종 때에는 **을사사화**(1545)가 일어나 여러 사림이 또 한 번 피해를 입었지. 사림은 이렇게 네 차례나 사화를 겪으면서 큰 피해를 입었어. 하지만 벼슬 자리에서 물러난 사림은 지방에서 조용히 힘을 키워 나갔어.

낱말 체크

★**모함** 나쁜 일을 꾸며 남을 어려운 처지에 빠지게 함.

★**등용** 능력이 있는 사람을 뽑아서 씀.

'흥청망청'의 유래

'흥청망청'이란 말 들어본 적 있니? '흥에 겨워 마음대로 즐기는 모양'이란 뜻이야. 그런데 이 말이 생겨난 것이 연산군 때라고 해. 연산군은 두 차례 사화를 일으킨 뒤 술과 여자에 빠져 지냈지. 이때 궁궐에서 연산군을 모시던 여자들을 '흥청'이라고 불렀어. 연산군이 흥청에 빠져 지내다가 망해 버렸다는 뜻에서 '흥청망청'이라는 말이 생겨났다고 해.

조광조의 죽음

중종 때 사림을 이끌며 훈구에 맞선 것은 조광조였어. 그러자 훈구 세력은 조광조가 반역을 일으켜 스스로 왕이 되려고 한다는 거짓 소문을 퍼뜨렸지. 차츰 중종도 조광조를 의심하게 되었어. 중종은 결국 조광조를 멀리 유배 보냈다가 사약을 내려 죽여 버리고 말았어. 경기도 용인에는 조광조의 무덤이 있어.

쏙쏙 퀴즈 — 맞으면 O, 틀리면 X

1. 첫 번째 사화인 무오사화는 연산군 때 일어났다. ☐

2. 중종은 조광조를 끝까지 믿고 높은 자리를 맡겼다. ☐

82 서원과 향약, 지방에 뿌리내리다

#유교 도덕
#서원 #향약
#서원은지방사림의아지트

사림은 몇 차례의 사화를 겪으면서도 서서히 힘을 키워 조선을 이끌어가는 세력이 되었어. 그들은 어떻게 힘을 키웠을까?

사림은 원래 지방에서 일정한 땅과 재산을 가진 선비들이었어. 이들은 마을 사람들에게 **유교 도덕**을 가르치며 영향력을 키웠지. 그리고 이 과정에서 서원과 향약을 적극적으로 활용했어.

서원은 선비들이 모여 공부하는 일종의 학교야. 유명한 옛 선비들의 제사를 지내기도 했지. 지방의 사림은 서원에 모여 유학을 공부하면서 제자들을 길렀어. 나랏일에 대해 함께 토론하며 의견을 하나로 모으기도 했지.

"아니, 나랏일을 어찌 저렇게 처리한단 말입니까? 유교 도덕에 어긋나는 일입니다!"

같은 의견을 가진 선비들은 조정에 나아가서도 서로에게 큰 힘이 되었어. 무시무시한 사화를 네 차례나 겪으면서도 새로운 선비들이 계속해서 등장할 수 있었던 이유가 여기에 있었지.

사림은 또 마을의 규칙인 **향약**을 만들어 마을의 질서를 유지했어. 우리나라에는 옛날부터 *두레처럼 마을 사람들끼리 서로 도와주는 전통이 있었거든. 사림은 이 전통에 유교의 가르침을 더해 향약을 만들었어. 서로의 잘못은 꾸짖고, 어려운 일을 당하면 서로 도와준다는 등의 내용을 담고 있었지.

"오늘 아침에 박 씨네 어머님이 돌아가셨다더군."
"저런, 향약에 따라 사람들을 모아 장사를 지내야겠구먼."

사림은 향약이 잘 지켜지는지 감시하는 역할도 했어. 향약을 잘 지키지 않는 사람은 벌을 주거나 마을에서 쫓아내기도 했지. 사림이 마을의 규칙을 만드는 데다 마을 사람들이 규칙을 잘 지키도록 감시했으니, 마을에서 사림의 힘이 세질 수밖에 없었지.

서원과 향약을 바탕으로 지방에서 힘을 키운 사림들은 차츰 조정에 나아가 서서히 권력을 잡기 시작했어. 마침내 명종의 뒤를 이은 선조 때에는 사림이 조선의 정치를 이끌어 가게 되었지.

낱말 체크

★두레 농사일이 바쁠 때 농민들이 서로 도와서 일을 하는 조직.

향약의 가르침

중종 때 사림은 중국의 『여씨향약』을 들여와 보급했어. 여기에는 네 가지 중요한 가르침이 있었는데 다음과 같아.

- 좋은 일은 서로 권한다.
- 잘못된 것은 서로 고쳐 준다.
- 예의를 갖춰 서로 사귄다.
- 어려운 일은 서로 돕는다.

소수 서원

경상북도 영주의 소수 서원은 유학자 안향을 기리기 위해 세운 서원이야. '소수 서원'이라는 이름은 명종 임금이 지어 준 이름인데, 이처럼 왕이 이름을 정해 준 서원을 사액 서원이라고 해. 소수 서원은 우리나라 최초의 사액 서원으로 유명해.

맞는 것 고르기

1 (서원/향약)은 선비들이 모여 공부하는 학교다.

2 사림은 서원과 향약을 바탕으로 (수도/지방)에서 힘을 키웠다.

조선 시대

83 양반 중심의 사회가 만들어지다

#삼강오륜 #삼강행실도
#양반_중인_상민_천민
#양반은비가와도뛰지않음

조선은 유교의 가르침에 따라 백성들을 다스리려 했던 나라야. 특히 **삼강오륜**을 강조했어. 삼강은 임금과 신하, 부모와 자식, 남편과 아내 사이에 마땅히 지켜야 할 예절을 말해. 오륜은 여기에 어른과 아이, 친구 사이에 지켜야 할 예절을 더한 거지.

"사람들이 각자의 위치에 맞게 도덕과 예절을 지키면 살기 좋은 나라가 될 것입니다."

그래서 세종 때는 『**삼강행실도**』라는 도덕책을 펴냈어. 이 책에는 백성들이 본받을 만한 효자, 충신, *열녀의 이야기가 실려 있어. 그림도 들어 있어서 글을 모르는 어린아이와 일반 백성도 보고 이해하기에 좋았어.

지방에서는 사림이 유교의 가르침을 퍼뜨리는 데 앞장섰어. 사림

은 유교 도덕과 예절을 가르치는 『소학』을 펴내 사람들을 가르쳤어.

그러자 조선 사회의 분위기는 점차 바뀌어 갔어. 유교 경전을 공부한 선비들이 높은 대접을 받았고, 백성들도 **유교 도덕**을 점차 받아들이게 되었지. 그러면서 양반을 중심으로 한 사회 질서가 만들어졌어.

조선 시대의 신분은 원래 *양인과 *천인으로 나뉘었는데, 양인 사이의 사회적 지위가 갈리면서 차츰 양반, 중인, 상민, 천민의 4가지 신분이 자리잡았어.

양반은 유교 경전을 공부하고 과거 시험을 쳐서 관리가 될 수 있는 높은 신분을 말해. 이들은 군역(군사 일을 해야 하는 의무)을 면제받는 등 각종 특혜를 받았어. **중인**은 의사, 화가, 외국어 전문가 등 특별한 기술을 다루는 사람들과 관청에서 실무를 담당하는 사람을 말해. 양반 첩의 자식인 서얼도 중인에 포함됐지.

상민은 백성의 대부분을 차지했는데, 보통은 농사를 지어 먹고 살아가는 사람들이었어. 이들도 법적으로는 과거 시험을 볼 수 있었지만, 현실적으로는 먹고살기 바빠 시험을 준비하기 힘들었지. **천민**은 가장 낮은 신분의 사람들이었어. 양반 주인을 모시고 사는 노비나 당시 사람들이 업신여기는 천한 일을 하는 사람들이었지.

낱말 체크

★**열녀** 옛날에 남편에 대한 의리를 굳게 지키는 여자를 일컫던 말.

★**양인** 권리와 의무를 가지고 있는 나라의 일반 백성.

★**천인** 옛날에 천한 일을 하며 양인에 속하지 못했던 사람들.

『삼강행실도』

세종 때 보급한 도덕책 『삼강행실도』야. 한문 외에도 한글로 쓰여 있고, 그림도 들어 있어 누구나 쉽게 이해할 수 있었어.

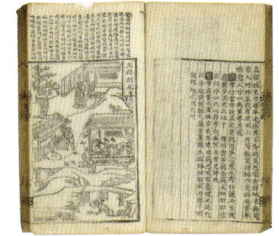

🔍 조선 시대의 4신분

조선 시대에는 양반, 중인, 상민, 천민의 4가지 신분이 있었어. 천민은 원래는 가장 낮은 신분인 노비를 뜻했지. 그런데 차츰 기생이나 광대, 무당처럼 사람들이 천하게 여기는 일을 하는 사람들까지 포함하게 되었어.

양반

중인

상민

천민

쏙쏙 퀴즈 - 맞으면 O, 틀리면 X

1 조선은 불교의 가르침에 따라 백성들을 다스렸다. ☐

2 4가지 신분 중 가장 낮은 신분은 상민이었다. ☐

 조선 시대 16세기 전반

84 신사임당, 시와 그림에 능한 예술가

#신사임당 #예술가
#율곡 이이 어머니
#세배할때가장받고싶은분

설날에 세뱃돈으로 어떤 지폐를 가장 받고 싶니? 아마 오만 원짜리 지폐겠지? 그런데 오만 원짜리 지폐에 그려져 있는 사람이 누구냐면, 바로 **신사임당**이야.

신사임당은 조선 시대의 뛰어난 학자인 율곡 **이이**의 어머니로 유명해. 신사임당은 이이를 비롯해 7명의 자식을 낳아 훌륭하게 길렀지. 지금도 강원도 강릉에 가면 신사임당이 자식들을 낳고 길렀던 오죽헌을 방문할 수 있어.

신사임당은 **예술가**로서도 뛰어난 능력을 보였어. 시와 그림, 글씨에 두루 능했는데, 당시 사람들도 신사임당의 작품을 보고 칭찬을 아끼지 않았다고 해.

신사임당은 특히 꽃이나 풀, 벌레 그림을 즐겨 그렸어. 하루는 신사임당이 벌레가 그려진 그림 하나를 마당에 내놓았지. 그러자 신기한 일이 벌어졌어.

"어머나, 닭이 왜 그림을 쪼고 있지?"

닭이 그림 속 벌레가 살아 있는 줄 알고 와서 쪼다가 종이가 뚫어질 뻔한 거야. 신사임당이 얼마나 그림을 잘 그렸는지 알겠지?

하지만 조선 시대에 여성이 신사임당처럼 글공부를 하고 그림을 그리는 것은 매우 드문 일이었어. 대부분의 조선 여성들은 평생 아이를 기르고 농사일과 집안일만 하면서 살아야 했거든.

양반 신분의 여성들도 크게 다르지 않았어. 유교에서는 아이들을 잘 기르고 남편의 *뒷바라지를 하는 것이 여성의 일이라고 가르쳤거든. 그래서 조선의 여성들은 재능이 뛰어나도 그것을 펼치기가 어려웠지. 지금의 기준에서 생각해 보면 조선 시대에 여성으로 살아가는 것은 참 답답한 일이었겠지?

하지만 조선 시대에도 신사임당과 같이 뛰어난 재능과 *학식으로 세상을 놀라게 한 여성들이 있었어. 『홍길동전』을 지은 허균의 누이인 허난설헌은 문장과 그림에 뛰어났고, 임윤지당은 성리학자로 많은 학술적인 글과 문학 작품을 남겼지. 이 외에도 또 어떤 여성들이 조선 시대에 활약했는지 한번 찾아보자!

낱말 체크

★**뒷바라지** 뒤에서 보살피며 도와주는 일.

★**학식** 학문과 지식

강릉 오죽헌

강원도 강릉에 있는 신사임당이 나고 자란 집이야. 신사임당의 아들 율곡 이이도 이곳에서 태어났어. 오죽헌은 역사가 오래된 조선 시대 건물이어서 건물 자체로도 큰 가치를 지니고 있어.

신사임당의 그림

신사임당이 그린 그림으로 전해지는 「초충도」중 하나야. 초충도는 풀과 벌레 따위를 그린 그림을 말해. 이 그림에서는 먹음직한 수박 두 덩어리 위로 나비가 한가롭게 날아다니고 있고, 생쥐들은 수박을 정신없이 갉아먹고 있어. 수박과 생쥐, 나비 등 동식물이 섬세하고 생동감 있게 표현되어 있어.

쏙쏙 퀴즈 — 맞는 것 고르기

1 신사임당은 대학자 (이황/이이)의 어머니다.

2 신사임당은 뛰어난 (예술가/과학자)로 이름을 날렸다.

조선 시대 1592년

85 임진왜란, 일본이 침입하다

#임진왜란 #정유재란
#수군 #의병
#동아시아국제전쟁

세종이 4군 6진을 개척한 뒤로 조선에는 150년 가까이 큰 전쟁 없이 평화가 계속되었어. 반대로 일본에서는 오랫동안 여러 나라가 다투는 *전국 시대가 이어졌지. 일본을 통일해 전국 시대를 끝낸 사람이 도요토미 히데요시야. 그는 곧 군사를 일으켜 조선을 침략했어.

"명나라를 치기 전에 조선부터 정벌하겠다! 으하하하."

이 전쟁이 바로 **임진왜란**(1592)이야. 오랜 전쟁으로 단련된 일본군은 신무기인 조총을 앞세워 *파죽지세로 진격했어. 신립 장군이 이끄는 조선군이 충주에서 일본군에 맞서 싸웠지만 크게 지고 말았지. 조선의 **선조**는 궁궐을 버리고 북쪽의 의주까지 달아나 명나라에 도와달라고 부탁해야 했어.

제대로 된 전쟁을 오랫동안 경험하지 못한 조선군은 처음에는 크게 밀렸지만, 차츰 반격을 하기 시작했어. 바다에서는 **이순신**의 수

44

군이 활약했고, 육지에서는 권율과 김시민 등의 *관군이 일본군에 맞서 큰 승리를 거두었어. 곽재우 등이 이끄는 의병의 활약도 돋보였지. 명나라도 조선을 도울 군대를 보내왔어.

"우리 명나라도 돕겠소! 힘을 내시오."

일본은 그제서야 불리함을 깨닫고 휴전을 요청했지만 소용없었어. 그러자 일본은 1597년 다시 조선에 쳐들어왔는데, 이를 **정유재란**이라고 해. 하지만 이번엔 조선도 전쟁에 대비하고 있었기에 일본군은 섭사리 진격하지 못했어. 그러다가 전쟁을 일으킨 일본의 도요토미 히데요시가 죽으면서 7년에 걸친 긴 전쟁이 끝나게 되었어.

전쟁이 끝났지만 조선은 이미 큰 피해를 입은 뒤였어. 많은 사람이 전쟁통에 죽거나 일본으로 끌려갔고, 농사지을 땅은 곳곳이 황폐해져 있었지.

임진왜란은 중국과 일본에도 큰 영향을 끼쳤어. 중국에서는 전쟁에 참여한 명나라의 힘이 약해진 대신 북쪽의 여진족이 힘을 키웠어. 일본에서는 도쿠가와 이에야스가 에도 막부라는 새로운 정권을 세웠고, 조선에서 데려간 학자와 기술자에 의해 성리학과 도자기 문화가 발전했어.

낱말 체크

★**전국 시대** 일본에서 1467~1573년 내부적으로 전쟁이 많이 일어났던 시대.

★**파죽지세** 적을 거침없이 물리치고 쳐들어가는 기세.

★**관군** 옛날에 나라에 소속되어 있던 군대 또는 군사.

진주 대첩

임진왜란 당시 김시민이 이끄는 관군과 백성들이 진주성에서 일본군을 크게 물리친 전투야. 조선군은 수천의 적은 군사로 3만에 달하는 일본군을 물리쳤어. 그 결과, 진주성을 거쳐 전라도로 들어가려던 일본군의 계획이 보기 좋게 실패했지.

임진왜란의 주요 전투

임진왜란 당시 육지에서 주요 전투가 일어난 곳이야. 권율의 행주 대첩과 김시민의 진주 대첩은 이순신의 한산도 대첩과 더불어 임진왜란의 3대 대첩이라고 불려. 나라를 지키기 위해 목숨을 바친 장군들의 이름이니 눈여겨봐 두자!

쏙쏙 퀴즈 — 맞으면 O, 틀리면 X

1 임진왜란 초기에 조선군은 일본군에게 크게 밀렸다.

2 오랜 전쟁에 지친 도요토미 히데요시는 결국 조선에 항복했다.

 조선 시대 1592~1598년

86 이순신, 조선의 바다를 지키다

#이순신 #한산도 대첩
#명량 대첩 #노량 해전
#세계가인정한해군전설

임진왜란 때 바다에서는 조선 수군이 활약했다고 했지? 이때 조선 수군을 이끄는 장수가 바로 **이순신**이었어. 이순신은 전쟁이 일어날 것을 미리 예상하고 무기와 *함선을 준비해 두었지.

일본군이 쳐들어오자 이순신의 수군은 준비해 놓은 우수한 함선과 대포를 앞세워 전투에서 승리해 나갔어. 한산도 앞바다에서는 배들을 학 모양으로 펼치는 '학익진' *전술을 써서 일본군을 크게 무찔렀지. 이때 조선 수군은 일본의 배 47척을 부수고 12척을 사로잡았는데, 이 전투가 바로 **한산도 대첩**이야.

이순신의 활약으로 조선은 곡식이 풍부한 전라도 지역을 지킬 수 있었어. 또 일본군이 바다를 통해 이동하거나 물자를 *수송하는 것을 막을 수 있었지. 이순신의 승리가 이어지자, 백성들 사이에서 그의 인기는 하늘을 찌를 듯 했어.

그런데 이순신의 인기가 치솟자 이순신을 질투하는 사람들이 나타났어. 원균이라는 장수는 이순신의 지휘를 받는 것에 불만을 품고 선조에게 이순신을 헐뜯었지. 마침 이순신이 자신의 명령을 잘 따르지 않는다고 생각하던 **선조**는 이순신을 관직에서 끌어내렸어.

하지만 이순신이 없는 조선 수군은 일본군에 대패하고 수많은 함선이 침몰하고 말았어. 어쩔 수 없이 선조는 다시 이순신에게 수군을 맡겼어. 남아 있는 것이라고는 겨우 13척의 배뿐이지만, 이순신은 포기하지 않고 병사들을 격려하며 용기를 북돋아 주었지.

"살고자 하면 죽을 것이고, 죽고자 하면 살 것이다!"

마침내 이순신이 이끄는 수군은 진도 앞바다 **명량**에서 130여 척의 일본군 함대를 쳐부쉈어. 물살을 잘 활용한 기적 같은 승리였지.

이순신은 도요토미 히데요시가 죽은 뒤 돌아가는 일본군을 총공격했어. 하지만 **노량**에서 전투 중에 그만 적군이 쏜 총탄에 맞았지.

"적과 전투 중이다. 내 죽음을 알리지 마라!"

조선 수군은 노량 해전에서 승리했지만 이순신은 결국 숨을 거뒀어. 이순신과 조선 수군이 없었다면 아마 나라를 지키기 어려웠을 거야. 열심히 싸워 나라를 지켜 주신 분들에게 항상 감사해야겠지?

낱말 체크

★**함선** 군대에서 쓰는 군함 등의 배.

★**전술** 전투나 경기에서 작전을 수행하는 방법이나 기술.

★**수송** 기차나 자동차, 배, 비행기 등으로 사람이나 물건을 실어 옮김.

조선의 화포

임진왜란 때 쓰였던 현자총통이란 화포야. 이순신이 이끄는 조선 수군은 주로 먼 거리에서 화포를 발사해 일본군의 배를 부수는 작전을 썼어. 일본군은 화포 없이 가까운 거리에서 조총을 쏘거나 직접 맞붙어 싸우는 편이었기 때문에 이러한 조선군의 작전이 잘 통했지.

이순신과 조선 수군의 활약

이순신 장군과 조선 수군이 바다에서 일본군을 이긴 주요 전투야. 전투는 주로 육지와 가까운 남해에서 벌어졌어. 이순신은 이곳의 지형을 잘 알아서 싸움을 유리하게 이끌었어.

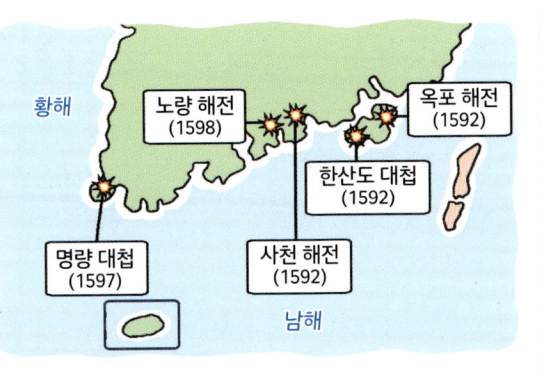

맞는 것 고르기

1 이순신은 일본군에 맞서 (학익진/배수진)으로 크게 승리했다.

2 이순신은 (노량/명량)에서 일본군의 총에 맞아 숨을 거뒀다.

조선 시대 17세기 초

87 광해군, 중립 외교를 펼치다

#광해군 #중립 외교
#인조반정
#명나라보다내백성이중요함

임진왜란이 일어나자 선조는 아들 **광해군**을 세자로 삼았어. 광해군은 조선 8도를 열심히 돌아다니며 백성을 돌보고 군사를 모았지. 광해군은 이런 활약을 인정받아 선조를 이어 왕이 될 수 있었어.

왕이 된 광해군은 전쟁으로 혼란해진 조선을 안정시키고자 애썼어. 그래서 나라의 곳간을 다시 채우고, 허준이 지은 의학책인 『동의보감』을 널리 펴내기도 했지.

한편 중국에서는 누르하치가 여진족을 통합해 후금이라는 나라를 세우고 명나라를 공격했어. 그러자 명나라가 조선에 군사를 빌려달라고 했지. 광해군은 고민 끝에 강홍립 장군에게 군사를 주면서 명나라를 돕되 전투에서 질 것 같으면 후금에 항복하라고 지시

했어. 명나라는 후금의 상대가 되지 않았기에 강홍립은 결국 항복했지.

이처럼 광해군은 명나라와 후금 중 일방적으로 한쪽 편을 들지 않았어. 이런 외교를 **중립 외교**라고 불러. 하지만 일부 신하들은 임진왜란 때 조선을 도와준 명나라에게 은혜를 갚아야 한다고 생각했어.

"전하, 어찌 명나라에 대한 의리를 저버린단 말입니까?"

이들이 광해군을 탐탁하게 여기지 않는 이유가 또 있었어. 광해군은 *후궁에게서 태어난 아들이었거든. 선조에게는 뒤늦게 정식 왕비에게서 낳은 아들 영창 대군이 있었어. 선조가 갑자기 죽는 바람에 어린 영창 대군이 아닌 광해군이 왕이 될 수 있었지만, 영창 대군 때문에 광해군의 왕위는 늘 위태로웠어.

결국 광해군을 따르던 신하들은 *역모 사건을 꾸며 영창 대군을 가두고 그의 어머니인 인목 *대비를 대비 자리에서 내쫓았어. 영창 대군은 얼마 후 세상을 떠났지.

그러자 반대파 신하들은 광해군이 자식과 형제로서의 도덕을 어겼다고 비난했어. 마침내 반대파는 반란을 일으켜 광해군을 내쫓고 광해군의 조카인 인조를 왕으로 세웠지. 이 사건이 **인조반정**이야. 광해군의 시대는 이렇게 막을 내리게 되었지.

낱말 체크

★**후궁** 왕의 부인 중 정식 부인이 아닌 부인.

★**역모** 반역을 꾀하는 것. 또는 그런 일.

★**대비** 죽은 왕의 부인.

왕의 이름 묘호

태조, 세종, 세조, 연산군, 광해군… 왜 어떤 왕은 이름이 '조'나 '종'으로 끝나고 어떤 왕은 이름이 '군'으로 끝날까? 옛 왕을 부르는 이름을 '묘호'라고 해. 원래 묘호는 '조'나 '종'으로 끝나. 생전 왕의 업적에 따라 '조'나 '종'을 붙이지. 반면 '○○군'은 왕의 아들을 뜻하는 이름이야. 광해군이나 연산군처럼 왕위에서 쫓겨나 정식 왕으로 인정받지 못한 경우에는 그냥 '○○군'이라고 불렀어.

허준의 『동의보감』

허준은 선조~광해군 때의 어의야. 어의는 왕을 돌보는 의원인데, 지금으로 치면 대통령을 치료하는 의사인 셈이지. 허준은 광해군 때 『동의보감』이란 의학책을 펴내 조선의 약재로 병을 치료하는 방법을 정리했어.

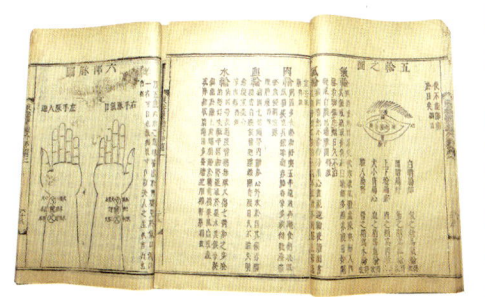

쏙쏙 퀴즈 맞으면 O, 틀리면 X

1 광해군은 명나라의 편을 들며 후금과 대립했다. ☐

2 인조반정으로 인조가 쫓겨나고 광해군이 왕이 되었다. ☐

조선 시대 1636년

88 병자호란, 청이 침입하다

#정묘호란 #병자호란
#효종 #북벌 운동
#상황파악못하면왕이굴욕

인조가 왕이 되자 조선은 명나라를 따르고 후금을 적대시했어. 후금은 조선으로부터 재물을 빼앗고, 앞으로는 명나라를 돕지 못하게 해야겠다고 생각했어. 그래서 3만의 군사를 보내 조선을 공격했지. 깜짝 놀란 인조는 서둘러 강화도로 피신했어. 그리고 후금을 형님 나라로 대우하기로 약속하고 간신히 후금군을 돌려보냈어. 이 전쟁이 **정묘호란**(1627)이야. '정묘년에 ⁎오랑캐가 일으킨 난리'라는 뜻이지.

후금은 이후 점점 더 무리한 요구들을 해 왔어. 그리고 1636년에 나라 이름을 **청**으로 바꾸고 스스로 황제의 나라라고 선포했어. 명나라를 유일한 황제의 나라로 섬기던 조선은 당연히 반발했지. 화

가 난 청나라 황제 태종은 직접 대군을 이끌고 조선에 쳐들어왔어. 이것이 **병자호란**(1636)이야.

인조는 간신히 서울 남쪽의 **남한산성**으로 피신했어. 성에는 겨우 1만여 명의 군사와 50일치 식량만이 남아 있었지. 청나라군은 성을 포위하고 항복을 요구했어. 조정은 끝까지 싸우자는 신하들과 항복하자는 신하들로 갈렸지.

"전하, 어찌 싸워 보지도 않고 오랑캐에 무릎을 꿇겠습니까?
"항복 말고는 다른 길이 없습니다. 훗날을 생각하소서!"

청나라군과의 전투에서 패배하고 식량도 떨어지자 인조는 결국 항복을 선택했어. 인조는 남한산성을 나와 청 황제 앞에서 머리를 조아렸어. 조선이 청나라의 신하 나라가 되는 순간이었지. 청나라는 조선의 왕자들과 대신들, 그리고 수많은 백성들을 잡아갔어.

인조의 뒤를 이어 왕이 된 **효종**도 왕자 시절에 청나라에 잡혀갔었는데 청나라에 대한 *적개심이 컸어. 효종은 힘을 길러 북쪽 청나라를 정벌하겠다는 **북벌 운동**을 일으켰지. 하지만 청나라 정벌은 이룰 수 없는 꿈이었어. 청나라는 명나라를 무너뜨린 뒤 점점 더 강해졌거든. 결국 효종이 죽자 북벌 운동은 흐지부지되고 말았어.

낱말 체크

★**오랑캐** 주변에 살던 민족을 낮잡아 부르던 말.

★**적개심** 적에 대해 몹시 미워하고 분하게 여기는 마음.

서울 삼전도비

병자호란 때 인조가 청나라 황제에게 항복한 뒤 세운 비석이야. 청 황제의 요구에 따라 항복을 기념해 세웠으니, 슬픈 역사를 간직한 비석이지. 서울 송파구에 있어.

정묘호란·병자호란의 주요 전투

정묘호란 때 인조는 재빨리 강화도로 피신했어. 고려를 침략했던 몽골과 마찬가지로 후금도 바다에서 싸우는 것은 익숙하지 않았거든. 하지만 병자호란 때에는 인조가 미처 강화도로 피신하지 못하고 남한산성에서 적에게 포위당하고 말았지.

쏙쏙 퀴즈 맞는 것 고르기

1 병자호란 때 인조는 (남한산성/강화도)으로 피신했다.

2 (태종/효종)은 청나라에 맞서 북벌을 계획했다.

조선 시대 16세기 말~18세기 초

89 사림이 붕당으로 나뉘어 다투다

#붕당 정치
#북인_남인_노론_소론
#복수는복수를낳고…

전에 사림에 관해 이야기했던 것 기억나니? **사림**은 네 차례의 사화를 겪으면서도 지방에서 힘을 키웠다고 했지. 마침내 선조 때가 되면 조정은 다시 사림으로 채워지게 돼. 그런데 이제는 차츰 사림 안에서 갈등이 생겨났어.

이 갈등은 이조 전랑이라는 관직을 두고 더욱 심해졌어. 이조 전랑은 중하급 관리와 3사의 관리를 임명하는 데 *관여하는 중요한 벼슬이었어. 그래서 서로 이 자리를 차지하려고 했던 거야.

결국 사림은 **동인**과 **서인**으로 갈라졌어. 동인과 서인은 정치에서 중요하다고 생각하는 것이나 유학을 공부하는 방식이 서로 달랐어. 이렇게 사림이 정치적 입장이나 학문에 따라 모인 것을 **붕당**이라고

해. 붕당들은 서로 활발한 토론을 벌이면서 정치를 이끌었어.

동인과 서인은 시간이 지나면서 다시 여러 붕당으로 나뉘었어. 동인은 **북인**과 **남인**으로 갈라졌지. 그중 북인은 광해군 때 권력을 잡았어. 서인은 인조반정으로 광해군이 쫓겨나고 인조가 왕이 되면서 권력을 얻었어. 서인은 남인과 활발한 토론을 펼치며 정치를 이끌었지.

하지만 시간이 지나면서 조선의 붕당 정치는 점점 *변질되었어. 붕당들은 건전한 토론을 하기보다 상대방을 비난하기에 바빴지. 붕당 사이의 갈등은 숙종 때 가장 심했어. 숙종은 자신의 왕권을 강화하기 위해 서인과 남인을 서로 싸움 붙였지. 이때 권력을 잡은 붕당이 계속 바뀌었는데, 이러한 정치 변화를 **환국**이라고 해.

"서인들을 모두 내치고 남인들을 중요한 자리에 앉히겠다!"

"남인들을 쫓아내고 다시 서인들을 불러와라!"

패배한 붕당은 관직에서 쫓겨나거나 심지어 죽임을 당하기도 했어. 결국 붕당 간의 싸움은 더욱 격렬해졌지. 이 과정에서 남인은 중앙 정치에서 밀려났고, 서인은 **노론**과 **소론**으로 나뉘어 다툼을 계속했어.

낱말 체크

★**관여** 어떤 일에 관계를 가지고 끼어드는 것.

★**변질** 무엇의 성질이 변함.

왜 '동인'과 '서인'일까?

사림이 처음 갈라져 생긴 붕당이 동인과 서인이야. 이때 동인의 중심 인물이 김효원, 서인의 중심 인물이 심의겸이었어. 김효원의 집이 한양의 동쪽에 있었고, 심의겸의 집이 한양의 서쪽에 있었기 때문에 이들을 따르는 사람을 각각 '동인'과 '서인'이라 불렀다고 해. 동인에는 젊은 신하들이 많았고 서인에는 좀 더 나이 든 신하들이 많았어.

붕당의 경쟁

하나의 붕당은 새로운 붕당들로 갈라져서 서로 경쟁했어. 인조반정으로 북인이 몰락한 뒤에는 서인과 남인이 경쟁했어. 환국을 거치면서 남인은 밀려나고 서인은 다시 노론과 소론으로 나뉘었지.

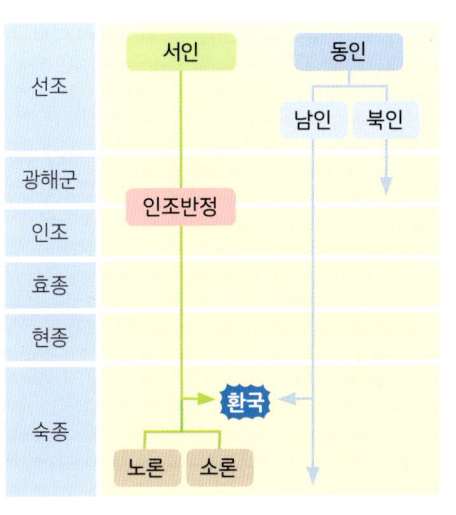

맞으면 O, 틀리면 X

1 사림이 정치적 입장이나 학문에 따라 모인 것이 붕당이다.

2 붕당들은 처음부터 끝까지 건전한 토론에만 힘썼다.

조선 시대　18세기 초중반

90 영조, 탕평책을 실시하다

#영조
#탕평책 #균역법
#인재라면어느당이든환영

　숙종은 정식 왕비에게서 아들을 얻지 못했어. 그래서 여러 후궁을 들였는데, 그 중 희빈 장씨에게서 경종을, 숙빈 최씨에게서 **영조**를 얻었지. 영조의 어머니 숙빈 최씨는 궁궐의 무수리 출신이었어. 무수리는 궁궐의 청소를 맡은 여자 종을 가리키는 말이야.

　어머니의 천한 신분은 영조에게 큰 걸림돌이었어. 신분 질서를 중요하게 여기는 조선에서 천민의 아들이 왕이 되기는 어려웠지. 하지만 숙종의 뒤를 이은 경종이 몸이 약하고 자식이 없자, 영조가 경종의 후계자가 되었어. 영조는 경종을 지지하던 소론의 거센 공격을 받았지만 노론이 지켜 준 덕분에 무사히 왕이 될 수 있었지.

　"노론 덕분에 왕이 되었지만, 노론 편만 들다가는 올바른 정치를

할 수 없을 거야."

붕당 사이의 다툼을 오래 지켜본 영조는 그 문제점을 잘 알고 있었어. 그래서 권력이 한쪽으로 치우치는 것을 막기 위해 **탕평책**을 실시했어. 탕평책이란 붕당에 관계 없이 인재를 고루 뽑아 정치에 참여시키는 정책을 말해.

"노론 출신을 영의정에 앉혔으니, 좌의정은 소론에서 뽑겠소!"

탕평책으로 정치를 안정시킨 영조는 여러 개혁 정책을 추진했어. 그중 대표적인 것은 **균역법**이야. 조선 시대에 남자들은 군대에 가지 않는 대신에 *베 두 필씩을 세금으로 내야 했는데, 이를 군포라고 해. 군포는 백성들에게 큰 부담이 되었어. 군포를 내지 못해 도망가는 사람들도 많았지. 그래서 영조는 백성들의 부담을 줄여 주려고 군포를 한 필씩만 내게 하는 균역법을 시행했던 거야.

그 외에도 영조는 서울 한가운데를 흐르는 청계천을 정비해 여름철 홍수에 대비했어. 또 없어졌던 *신문고를 다시 설치해 백성들의 억울함을 풀어 주려 했지. 너무 잔인한 형벌을 없애는 등 낡은 조선의 제도를 손보는 일에도 힘을 기울였어.

이처럼 영조는 조선의 모습을 변화시키려고 노력했어. 이러한 노력은 그 손자인 정조 때 결실을 맺게 돼.

낱말 체크

★**베** 실로 짠 옷감.
★**신문고** 조선 시대에 백성이 억울한 일을 왕에게 알리고 싶을 때 치게 하던 북.

탕평비

영조 때 탕평책의 내용을 새긴 비석이야. 선비끼리 편을 가르지 말고 두루 사귈 것을 당부하고 있어. 서울 종로구에 있어.

장수한 왕 영조

영조는 조선 시대 왕 가운데 가장 오래 살았던 왕이야. 지금보다 의학이 발달하지 않았던 시대에 83세까지 살았거든. 지금으로 치면 100세 넘게 사는 것과 마찬가지야. 백성을 위한 정책을 펼치면서 오래 살기까지 했으니, 영조 때 조선은 많은 발전을 이룰 수 있었던 거야.

쏙쏙 퀴즈 맞는 것 고르기

1 (재산/**붕당**)에 관계없이 인재를 뽑는 정책은 탕평책이다.

2 영조는 백성이 내야 할 군포의 양을 줄이는 (**균역법**/대동법)을 실시했다.

 조선 시대 18세기 말

91 정조, 개혁 정책을 펼치다

#사도 세자 #정조
#탕평책 #개혁 정치
#공부잘하면인정👍

영조에게는 아들 사도 세자가 있었어. 그런데 사도 세자는 아버지 영조를 몹시 두려워했어. 영조는 사도 세자가 조금만 실수해도 크게 꾸중하곤 했거든. 그러자 사도 세자를 싫어하던 일부 노론 신하들은 사도 세자의 잘못을 영조에게 일러바치기도 했지.

"아바마마께서 나를 미워하시니, 뵙고 싶지 않아!"

사도 세자는 점점 어긋난 행동을 했어. 그러다가 사람을 죽이는 큰 잘못까지 저질렀지. 화가 난 영조는 사도 세자를 세자 자리에서 내쫓고 *뒤주에 가둬 버렸어. 사도 세자는 8일 동안이나 물 한 모금 마시지 못한 채 뒤주에 갇혀 있다가 그만 세상을 떠나고 말았어.

사도 세자가 죽은 뒤 그의 아들, 그러니까 영조의 손자가 영조의

뒤를 이어 왕이 되었어. 그가 바로 **정조**야. 사도 세자를 *험담했던 노론 신하들은 정조가 자신들을 벌하지 않을까 두려워했지. 하지만 정조는 어느 한 붕당을 벌하지도, 편들지도 않았어. 대신에 할아버지 영조처럼 **탕평책**을 써서 붕당에 상관없이 인재들을 뽑았지.

"나라를 위해 일할 학문이 뛰어난 신하들을 모아야겠어."

정조는 이들을 위해 궁궐 안에 **규장각**이라는 도서관을 짓고, 그곳에서 학문에 힘쓰도록 했어. 정조가 직접 강의도 하고 시험 문제를 내기도 했다니 규장각의 신하들이 공부를 열심히 할 수밖에 없었겠지? 정조가 길러 낸 젊은 신하들은 정조의 정책을 든든히 뒷받침하는 역할을 했어.

또한 정조는 **장용영**이란 왕의 호위 부대를 새로 만들었어.

"군사력을 키워 왕권도 강화했으니 이제 나라를 위한 정책을 펼쳐 볼까?"

정조는 강력한 왕권을 바탕으로 여러 가지 **개혁 정책**을 펼쳤어. 각종 제도를 정리하고 상업을 장려했어. 그리고 노비와 *서얼에 대한 차별을 줄이는 데 힘썼지. 중국과 서양으로부터 백성의 생활에 도움이 될 학문을 받아들이는 데에도 관심을 가졌어. 정조의 적극적인 개혁 정책으로 조선은 다시 한번 전성기를 맞이하게 되었어.

낱말 체크

★**뒤주** 주로 쌀을 담아 두는 네모난 큰 나무 궤.

★**험담** 남의 흠을 일부러 끄집어내어 나쁘게 하는 말.

★**서얼** 아버지가 양반이지만 어머니가 정식 부인이 아니거나 천민인 경우, 그 아들을 이르는 말.

초계문신

정조는 인재를 키우기 위해 초계문신 제도를 만들었어. 초계문신 제도는 과거에 급제한 신하들 가운데 37세 이하의 젊은 신하를 뽑아 40세가 될 때까지 다시 교육하는 제도였어. 정조가 죽을 때까지 총 138명의 초계문신이 뽑혔다고 해. 이들은 학문 연구에 힘쓰는 한편 정조의 개혁 정치를 뒷받침하는 역할을 했어.

규장각

정조는 1776년 즉위한 해에 창덕궁 후원에 규장각을 지었어. 규장각은 처음엔 왕실의 책을 보관하는 도서관으로 출발했어. 그러다가 차츰 그 기능이 강화되어 학문과 정책을 연구하는 기관으로 발전했지.

쏙쏙 퀴즈 — 맞으면 O, 틀리면 X

1 정조는 장용영이란 호위 부대를 만들었다. ☐

2 정조가 궁궐 안에 만든 도서관은 집현전이다. ☐

 조선 시대 1796년

92 정조, 수원 화성을 세우다

#수원 화성 #정약용
#화성성역의궤만있으면
똑같은성다시만들수있음

정조는 11살의 어린 나이에 아버지 사도 세자를 떠나보냈어. 그러니 아버지에 대한 그리움이 컸을 거야. 정조는 왕이 된 뒤에 사도 세자의 무덤을 더 좋은 곳으로 옮기고 '현륭원'이라는 이름을 붙여 주었어.

사도 세자의 무덤이 완성되자, 원래 그 지역에 살던 주민들은 다른 곳으로 옮겨 가서 살아야 했어. **정조**는 이들이 옮겨 갈 새로운 성을 지었는데, 이것이 바로 **수원 화성**이야. 그런데 정조가 수원 화성을 지은 데에는 사실 더 큰 목적이 있었어.

"이 성은 내가 새로운 정치를 펼칠 기반이 되어 줄 것이다."

정조는 수원 화성을 개혁 정치의 *중심지로 만들려고 했어. 그래

서 임금이 머물 궁궐도 짓고 여러 군사 시설을 설치했어. 또 새로 개발한 농사법을 이곳에서 시험해 보기도 했지. 상인들을 위한 정책을 펼쳐 도시의 경제를 발전시키려고도 했어.

수원 화성을 짓는 데에는 정조의 신하였던 **정약용**의 공이 컸어. 정약용은 성 쌓는 기술에 관한 외국의 책들을 여럿 읽고 참고했어. 그리고 거중기, ★유형거와 같은 새로운 기계를 만들어 성을 쌓는 데에 적극적으로 활용했어.

"거중기만 있으면 수십 명이 나르던 무거운 돌도 몇 사람이 쉽게 옮길 수 있지!"

정조는 공사에 참여한 일꾼들의 ★품삯도 꼼꼼히 챙겨 주었어. 일한 만큼 보상을 받은 일꾼들은 더욱 열심히 일했지. 그 결과 수원 화성은 원래의 계획보다 훨씬 빠른 2년 9개월 만에 완성되었어.

또 하나 놀라운 사실은 당시 수원 화성을 건설하는 과정을 모두 기록으로 남겨 놓았다는 점이야. 『**화성성역의궤**』라는 책에는 성 건설 공사 기간, 공사에 참여한 사람 수, 건축 재료, 건축 방법 등이 매우 자세히 기록되어 있어.

수원 화성은 이처럼 과학적인 방법을 활용해서 치밀한 계획에 따라 건설되었어. 1997년에는 그 역사적 가치와 과학성을 인정받아 유네스코 세계 문화유산으로 등록되었어.

낱말 체크

★**중심지** 어떤 활동이나 현상의 중심이 되는 곳
★**유형거** 정약용이 발명한 돌이나 나무를 나르는 데 이용한 수레.
★**품삯** 몸을 움직여 일해 준 값으로 받는 돈.

 거중기

『화성성역의궤』에 실린 거중기 그림이야. 정약용이 발명한 거중기는 도르래의 원리를 이용해 무거운 돌이나 나무를 더욱 손쉽게 들어 올릴 수 있었어.

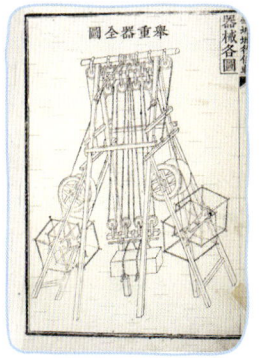

? 수원 화성

정조는 수원 화성을 정치·경제·군사 기능을 갖춘 신도시로 만들려고 했어. 기존 성곽의 문제점을 개선하고 새로운 방어 시설을 설치하기도 했지. 오른쪽은 수원 화성의 서쪽 문인 화서문이야. 경기도 수원에 있어.

쏙쏙 퀴즈 맞는 것 고르기

1 정조는 수원 화성을 (**개혁**/전쟁)의 중심지로 만들려고 했다.

2 (정도전/**정약용**)은 성을 쌓는 데 사용하는 기계를 발명했다.

93 조선 후기의 사회 변화

#모내기법 #상평통보
#신분 질서의 변화
#양반신분판매중_문의환영

조선은 임진왜란과 병자호란으로 큰 위기를 겪었다고 했지? 그 뒤에 숙종이나 영조, 정조가 나라를 다스리던 때에는 차츰 전쟁의 상처를 극복하고 사회와 경제 분야에서 새로운 변화들이 나타났어.

농민들은 전쟁을 겪으면서 못쓰게 된 땅을 다시 일구었어. 또 벼농사를 지을 때 **모내기법**이라는 농사법이 널리 퍼지기 시작했어.

모내기는 볍씨를 땅에 바로 뿌리는 대신에 못자리에서 벼의 싹을 틔워 논에 옮겨 심는 거야. 건강한 싹들만 골라 심기 때문에 벼에 더 많은 쌀이 열렸고, 잡초를 골라내기에도 쉬웠지.

"모내기를 하면 전보다 힘을 덜 들이고도 많은 쌀을 얻는구나!"

또 사람들은 차츰 시장에 내다 팔기 위해서 작물을 기르기 시작

했어. 인삼, 담배, 목화, 감자 등을 많이 길렀지. 사람들이 많이 다니는 길목에는 어김없이 **장시**가 열렸어. 장시는 조선 시대의 시장을 뜻해. 또 상품을 뱃길로 옮기게 되면서 강가마다 *포구가 생겨났어. 포구는 언제나 물건을 사고파는 사람들로 북적였지.

외국과의 **무역**도 활발해졌어. 상인들은 청나라나 일본과 무역을 해서 큰돈을 벌었지. 가장 인기가 좋았던 조선 상품은 인삼이었어.

이처럼 조선 후기에 상업이 발달하자 돈의 필요성이 더욱 커졌어. 그전에는 쌀이나 옷감으로 물건 값을 치렀거든. 그런데 거래가 많아지자 쌀이나 옷감을 들고 다니며 값을 치르기가 너무 불편해졌어. 그래서 **상평통보**라는 동전이 전국적으로 유통되기 시작했지.

농업과 상업이 발달하자, 차츰 양반 중심의 **신분 질서가 흔들**리기 시작했어. 상민 가운데 큰돈을 번 이가 나오는가 하면, 양반 중에서도 가난한 사람이 생겨났지. 그러자 양반의 지위는 예전만 못한 것이 되었어. 부자가 된 상민 가운데 돈을 내고 양반의 지위를 사서 양반 행세를 하는 사람들도 나타났어.

첩의 자식이라고 무시당했던 서얼들도 자신들을 차별하지 말라는 운동을 벌였어. 노비 중에는 주인에게서 도망쳐 자유를 찾는 사람들이 늘어났어. 자연스럽게 노비의 수는 점차 줄어들었지.

이처럼 조선 후기에는 이전의 모습을 크게 바꿔 놓는 새로운 변화들이 나타났어.

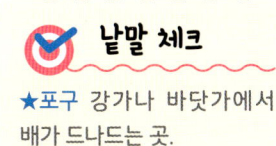

낱말 체크

★ **포구** 강가나 바닷가에서 배가 드나드는 곳.

상평통보

숙종 때 만들기 시작한 동전이야. '상평통보'란 '항상 일정한 가치로 통하는 돈'을 뜻해. 동그랗고 납작한 모양에 가운데 네모난 구멍이 뚫려 있어서 여러 개의 동전을 끈으로 묶어 쓸 수 있었어.

🔍 조선 후기 상인들의 모습

조선 후기 풍속화가 김홍도가 그린 「장터길」이라는 그림의 일부야. 장시를 오가는 상인들의 모습을 그렸어. 그림 속 상인들은 벌이가 좋았는지 밝은 표정을 짓고 있어.

쏙쏙 퀴즈 맞으면 O, 틀리면 X

1 조선 후기에는 모내기법이 퍼져 쌀의 생산량이 줄어들었다. ☐

2 조선 후기에는 양반 중심의 신분 질서가 흔들리기 시작했다. ☐

# 조선 시대

94 통신사와 연행사, 외국으로 나가다

#일본_통신사
#청나라_연행사
#통신사인기아이돌안부러움

임진왜란과 병자호란을 겪은 후 조선과 일본, 청나라의 관계는 어떻게 달라졌을까?

처음에 조선은 임진왜란을 일으킨 일본과 외교 관계를 *단절했어. 그러나 일본의 새로운 정부는 조선과 교류하기를 끈질기게 원했어. 조선의 수준 높은 문화를 계속 받아들이고 싶었던 거야. 결국 조선은 **일본**에 **통신사**라는 이름의 *사절단을 보내기 시작했어.

일본에 간 통신사들은 일본의 학자들과 교류하면서 조선의 문화를 전해 주기도 했어. 통신사들의 인기는 대단했어. 통신사로 갔던 신유한이라는 사람은 일본의 학자들이 시도 때도 없이 찾아오는 통에 먹고 있던 밥도 뱉어 내고 대화를 해야 할 정도였대.

통신사들은 일본에서 조선으로 돌아올 때 일본의 중요한 정보를 알아 오거나, 고구마 같은 새로운 문물을 들여오기도 했어.

한편 조선은 병자호란에서 청나라에게 패한 뒤, 명나라와의 관계를 끊고 **청나라**에 사신을 보내기 시작했어. 이들을 청나라의 수도인 '연경(중국 베이징)에 가는 사신'이라는 뜻에서 **연행사**라고 불렀지. 조선 사신들은 그동안 오랑캐의 나라라고 무시해 왔던 청나라에 도착해서는 눈이 휘둥그레졌어.

"청나라에는 신기한 물건이 많고 새로운 학문도 발달했구나! 무시하다가는 큰일 나겠군."

연경은 조선에서는 볼 수 없는 진귀한 물건들로 가득했어. 그중에는 서양에서 들어온 물건들도 많았지. 연행사는 이런 새로운 문물과 학문을 조선에 소개하는 역할을 했어. 박지원이나 홍대용 등 연행사로 청나라에 다녀온 사람들이 쓴 여행기 덕분에 조선의 학자들은 청나라와 서양의 문물과 학문에 대해 배울 수 있었어.

일본, 청나라와 같은 **외국과의 교류**는 조선에 실학이라고 하는 새로운 학문이 등장하는 중요한 배경이 되었어. 실학에 관해서는 다음 시간에 알아보자!

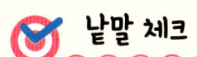

낱말 체크

★**단절** 무엇과의 관계를 끊는 것.

★**사절단** 국가를 대표해서 외국에 가는 사신들의 단체.

서양에서 들어온 문물

연행사는 청나라에 가서 서양의 문물을 접하고 이를 조선으로 가져오기도 했어. 서양의 과학을 소개한 책이나 세계 지도, 화포, 망원경, 자명종과 같은 물건이었지. 서양의 문물은 조선 사람들이 새로운 세계와 지식에 눈을 뜨게 하는 계기가 되었어.

🔍 강을 건너는 조선 통신사

아래는 「국서누선도」라는 그림이야. 조선 통신사 일행이 국서, 즉 외교 문서를 지니고 일본인이 모는 배를 타고 강을 건너는 모습을 그렸어.

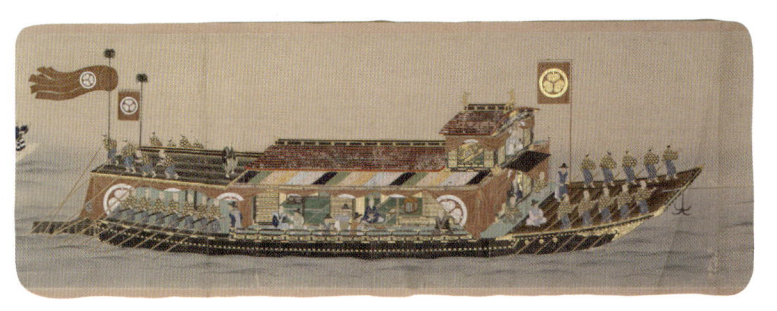

쏙쏙 퀴즈 — 맞는 것 고르기

1 조선은 청나라에 (통신사/**연행사**)를 보냈다.

2 박지원과 홍대용은 (**청나라**/일본)에 다녀와서 여행기를 썼다.

95 조선 후기의 실학과 국학

#실학_농업_상공업
#북학파 #국학
#예나지금이나민생이최우선

앞서 조선 후기에는 사회, 경제적으로 큰 변화가 일어났다고 했지? 농업과 상업이 발달하면서 부자 상인이나 가난한 양반이 생기는 등의 커다란 변화 말이야. 도덕만을 강조하던 기존의 성리학으로는 이러한 변화를 이해하기가 어려웠어.

그러자 조선의 학자들 가운데 백성들의 실생활에 도움이 되는 학문을 해야 한다는 목소리가 나오기 시작했어. 이러한 학문을 **실학**이라고 해. 실학을 연구한 실학자 중에는 농업을 *중시한 사람들도 있었고, 상공업을 중시한 사람들도 있었어.

농업을 중요하게 생각한 학자로는 유형원, 이익, 정약용 등이 있어. 이들의 주장은 조금씩 달랐지만, 크게 보아 양반들이 아니라 실

제 농사를 짓는 농민들이 땅을 가져야 한다는 것이었지.

"농업이 조선의 근본이오. 농업을 개혁해야 백성들이 배불리 먹을 수 있소!"

박지원, 박제가, 홍대용 등은 청나라처럼 **상공업**에 힘써 경제를 발전시키자고 주장했어. 그러기 위해서 우선 전국의 장시를 늘리고 도로를 정비해야 한다고 했지. 이들 중에는 청나라에 연행사로 다녀온 사람이 많았어. 이들을 **북학파**라고 부르기도 했는데, 조선의 북쪽에 있는 청나라를 배우자고 주장했기 때문이야.

"우리 조선도 상업과 공업을 발달시켜 나라를 *부강하게 만들어야 합니다."

실학자 중에서는 조선 *고유의 것을 연구했던 사람들도 있어. 이들은 우리나라의 역사, 언어, 지리에 관심을 가졌지. 대표적인 학자로는 김정호가 있어. 김정호는 조선의 산과 강, 마을 등의 위치를 사실적으로 표시한「대동여지도」를 만들었지. 당시의 지리 정보 수준에서는 가장 정밀한 지도라고 할 수 있어. 이처럼 우리나라와 관련된 것을 연구하는 학문을 **국학**이라고 해.

실학자들은 이처럼 조선 사회의 개혁을 위해 다양한 주장을 펼쳤어. 그리고 그 일부는 실제 정책에 반영되기도 했지.

낱말 체크

★**중시** 중요하게 여기는 것.
★**부강하다** 나라의 재정이 넉넉하고 군사력이 강하다.
★**고유** 오래된 집단이나 사물이 본래부터 지니고 있는 것.

「대동여지도」

1860년대에 김정호가 만든 전국 지도야. 22첩으로 접었다 펼쳤다 할 수 있게 만들었는데, 아래는 22첩을 펼쳐 놓은 거야.

박지원

박지원은 북학파 실학자의 대표적인 인물이야. 그는 연행사로 청나라에 가서 새로운 문물을 접한 뒤 느낀 놀라움과 감상을 『열하일기』라는 여행기를 써서 남겼어. 박지원은 조선도 청나라의 학문과 기술을 받아들여 상공업의 발달을 이루자고 주장했어.

쏙쏙 퀴즈 - 맞으면 O, 틀리면 X

1 모든 실학자가 상업보다 농업이 중요하다고 생각했다. ☐

2 「대동여지도」를 만든 사람은 김정호다. ☐

조선 시대

96 가족 제도와 풍속의 변화

#큰아들만 대접받고
#여성의 지위는 낮아짐
#뭔가이상하게돌아가는듯

고려 시대에는 가족 안에서 남녀의 지위가 평등했다고 이야기했던 것 기억나니? 이러한 분위기는 조선 전기까지만 해도 비슷했어. 부모가 죽으면 아들과 딸이 공평하게 재산을 물려받았지. 결혼하면 남자가 여자 집으로 장가가는 것이 보통이었고 말이야.

하지만 조선 후기에 이르러 **유교 도덕**이 백성들의 일상생활에까지 크게 영향을 미치게 되자 가족 제도와 *풍속은 점점 변해 갔어.

우선 남자가 여자 집으로 장가가는 대신 여자가 남자 집으로 시집가는 경우가 많아졌지. 또 임진왜란과 병자호란 같은 전쟁을 겪으면서 집안의 재산이 줄어들자, 큰아들 위주로 재산을 물려주는 집이 늘어났어.

"적은 재산을 쪼개서 물려주어 더 적게 만들 바에는 차라리 한 명에게 몰아주는 편이 낫겠어. 조상님들 제사도 더 잘 지낼 수 있게 말이야."

그렇게 되자 큰아들이 아닌 아들들과 딸들은 재산 상속과 제사에서 **차별**을 받게 되었어. 특히 딸들은 재산을 아예 상속받지 못하거나 제사에 참여하지 못하는 경우가 많았지.

여성들은 남편의 집에 점점 더 얽매여 살게 되었어. 평생 남편 집에서 살면서 시부모를 모셔야 했고, 심지어 남편이 죽더라도 다른 사람과 ★재혼하지 못했지. 아무리 결혼 생활이 힘들더라도 이혼은 꿈도 꿀 수 없었어.

조선 정부는 남편을 잘 섬기는 부인을 **열녀**라 부르고 상을 내렸어. 남편이 죽은 뒤 재혼을 하지 않고 남편을 따라 죽는 여성들을 칭찬하기 위해 열녀비를 세워주고 각종 혜택을 주기도 했지. 그러자 전국에서 남편의 뒤를 이어 스스로 목숨을 끊는 여성들이 많아져 사회 문제가 되었다고 해. 지금의 기준으로 생각하면 참 어처구니없고 안타까운 일이지?

이처럼 조선 후기에 **여성의 지위**는 점차 낮아졌어. 대신에 남성 가장을 중심으로 하는 가족 제도와 풍속이 만들어졌지. 이는 그 뒤로도 오랫동안 여성들의 사회 활동을 ★제약하는 장애물이 되었어.

낱말 체크

★**풍속** 한 사회에 오래전부터 지켜 내려오는 관습.

★**재혼** 결혼했던 사람이 다시 결혼하는 것.

★**제약** 일정한 범위를 벗어나는 생활·생각·행위 등을 자유롭게 하지 못하도록 막는 것.

족보

족보는 집안의 계보를 기록한 책이야. 조선 전기에는 아들, 딸 모두 태어난 순서대로 기록했지만, 조선 후기에는 아들을 딸보다 먼저 기록했어.

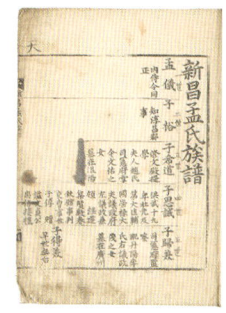

혼례를 치르러 가는 길

김홍도가 그린 「신행길」이라는 그림이야. 신랑이 혼례를 치르기 위해 말을 타고 신부의 집으로 가는 모습을 그렸어. 조선 후기에는 혼례가 끝나면 신랑과 신부는 바로 신랑의 집으로 들어가 생활했어.

쏙쏙 퀴즈 맞는 것 고르기

1 조선 후기에 이르면 (여성/남성)은 부모의 재산을 상속받지 못하는 경우가 많았다.

2 조선 후기에는 남편을 잘 섬기는 부인을 (열녀/궁녀)라 부르고 상을 내렸다.

 조선 시대

97 서민 문화가 발달하다

#서민 문화 #한글 소설
#판소리 #탈춤
#조선시대스트레스해소법

조선 후기에는 농업과 상업이 발달하면서 백성들의 삶에도 조금씩 여유가 생겼어. 돈을 많이 번 일부 백성들은 자기 자식들을 서당에 보내 글공부를 시키기도 하고, 나름의 취미 생활도 즐겼지. 그러면서 일반 백성들은 점차 자신들만의 문화를 만들어 나갔는데, 이를 *서민 문화*라고 해. 조선 후기의 서민 문화는 과연 어떤 모습이었을까? 그 당시의 장시로 잠깐 시간여행을 떠나 보자!

"책 사시오! 이번에 새로 나온 심청이 이야기예요!"

조선 후기에는 한글을 배운 백성이 늘면서 **한글 소설**이 많이 등장했어. 『홍길동전』, 『춘향전』, 『심청전』, 『흥부전』 같은 소설이 특히 인기가 많았지. 돈을 받고 한글 소설을 실감 나게 읽어 주는 이야기

꾼도 등장했어. 이런 이야기꾼을 **전기수**라고 불러. 어찌나 재미있게 이야기하는지, 전기수 주위로는 항상 많은 사람이 모였다고 해.

"심청이가 인당수에 빠지려고 하는 바로 그때…!"

"아이고, 궁금해. 여기 돈을 낼 테니 빨리 뒷이야기를 해 주시오!"

장시에서는 판소리와 탈춤 등 다양한 공연이 시끌벅적하게 열리기도 했어. **판소리**는 두 사람이 짝을 이루어 한 명은 북으로 장단을 맞추고, 다른 한 명은 노래를 부르며 이야기를 들려주는 공연을 말해. 관중들이 공연에 함께 참여할 수 있어 인기가 높았지. 「춘향가」, 「심청가」, 「흥부가」, 「적벽가」, 「수궁가」 다섯 마당이 유명했어. 다음은 그중 「춘향가」의 한 구절이야.

"이리 오너라, 업고 놀자! 사랑, 사랑, 사랑 내 사랑이야."

탈춤은 우스꽝스럽게 생긴 탈을 쓰고 춤을 추며 공연하는 연극이야. *타락한 양반이나 스님을 비꼬거나, 억압받는 여성들의 고통 등 당시 백성들의 속마음을 드러내는 내용이 많았어.

이처럼 조선 후기 장시는 물건을 사고파는 곳일 뿐 아니라 백성들이 서민 문화를 접하고 즐기는 공간이기도 했어. 백성들은 함께 서민 문화를 즐기며 현실의 *시름을 잊기도 하고 서로의 생각을 나눌 수 있었지.

낱말 체크

★**서민** 아무 벼슬이나 신분적 특권이 없는 일반 사람.

★**타락** 올바른 길에서 벗어나 잘못된 길로 빠지는 것.

★**시름** 마음속에 오래 자리 잡고 있는 걱정이나 근심.

말뚝이 탈

봉산 탈춤에 쓰이는 말뚝이 탈이야. 탈춤에서 말뚝이는 양반의 하인으로 나오지만 오히려 우스꽝스런 말로 양반을 조롱하는 역할을 해.

판소리 공연 장면

사람들이 모인 '판'에서 '소리'를 한다고 해서 '판소리'라고 해. 부채를 든 소리꾼 한 명이 북을 치는 고수의 장단에 맞춰 공연하지. 판소리의 하나인 춘향가의 경우, 전체를 다 공연하려면 8시간이 넘게 걸린다니 대단하지?

쏙쏙 퀴즈 맞으면 O, 틀리면 X

1 조선 후기에는 한글 소설이 많이 등장했다.

2 판소리는 탈을 쓰고 춤을 추며 공연하는 연극이다.

 조선 시대

98 풍속화와 민화, 백성의 삶을 그리다

#풍속화 #민화
#김홍도 #신윤복
#사진대신풍속화남김

조선 중기까지만 해도 그림은 양반들만의 취미였어. 양반들은 아름다운 자연의 모습이나 *이상 세계를 주로 그렸지. 하지만 조선 후기에 서민 문화가 발달하면서 그림의 소재가 점점 다양해졌어. 특히 백성들의 생활 모습을 담은 **풍속화**가 유행했지.

정조 때에는 풍속화를 잘 그린 화가들이 활동했어. 김홍도와 신윤복이 대표적이었어. 둘은 모두 궁궐에 소속되어 왕실의 행사 모습이나 임금의 초상화를 그리던 전문 화가들이었어. 하지만 김홍도와 신윤복은 백성들의 일상생활을 그리는 데에도 관심을 가졌지. 이들은 많은 풍속화를 남겼어.

김홍도는 서당에서 공부하는 아이들, 장터에서 씨름하는 사람들,

개울가에서 빨래하는 여자들처럼 일반 백성들의 생활을 담백하면서도 실감 나게 그려냈어.

"우아, 저 씨름 장사 좀 보게. 상대를 번쩍 들어 올렸어!"

김홍도의 그림을 보고 있으면, 마치 조선 시대 백성들의 생활 모습을 옆에서 지켜보는 것 같은 기분이 들지.

한편 **신윤복**은 양반 남녀의 사랑이나 여성들의 생활 모습을 많이 그렸어. 여성들이 개울가에서 머리 감는 모습이나 남녀가 달빛 아래에서 사랑을 속삭이는 모습 등 재미있는 그림이 많지.

"달빛이 은은한 밤 ★낭자의 모습이 더욱 아름답구려!"

신윤복의 그림은 표현이 아주 섬세해서 그림 속 인물들의 감정이 그대로 전달되는 것 같아.

이 시기에는 일반 백성들의 ★소박한 소망이나 취향을 담은 **민화**도 많이 그렸어. 민화는 말 그대로 '백성들의 그림'이라는 뜻이야. 민화는 이름 없는 화가들이 그린 것들이 많은데, 주로 생활 공간을 장식하려고 그린 것으로 해와 달, 동물, 식물, 책 등이 민화의 주요 소재가 되었지.

풍속화와 민화는 모두 조선 후기 사람들의 생활 모습과 생각을 엿볼 수 있는 중요한 자료야.

낱말 체크

★**이상** 마음에 품고 열심히 따르는 최고의 목표.

★**낭자** '시집 안 간 남의 집 처녀'를 높이 이르던 옛말.

★**소박하다** 꾸밈이 없고 수수하고 순수하다.

화조도

화조도는 꽃과 새를 그린 민화야. 민화는 주로 백성들이 익숙한 대상을 소재로 삼아 그렸어.

신윤복의 풍속화

신윤복이 그린 「월하정인」이라는 제목의 그림이야. '달빛 아래의 연인'이라는 뜻이지. 서로를 그리워하던 연인이 깊은 밤에 만나는 모습을 아름답게 표현했어.

맞는 것 고르기

1 (김홍도/신윤복)은/는 양반 남녀의 사랑이나 여성들의 생활을 많이 그렸다.

2 (풍속화/민화)의 주요 소재는 해와 달, 동물, 식물, 책 등이었다.

99 세도 정치가 시작되다

조선 시대 19세기 초

#세도 정치 #삼정의 문란
#해골한테세금내라는건
너무한거아님?

정조가 죽자, 순조가 11살의 어린 나이로 왕위에 올랐어. 정조는 죽기 전에 신하인 **김조순**에게 어린 순조를 부탁했지. 김조순은 순조의 장인이기도 했어. 김조순은 중요한 나랏일을 도맡아 처리하면서 큰 권력을 얻게 되었어. 김조순이 세상을 떠난 뒤에도 그의 집안인 **안동 김씨**의 *세도는 날이 갈수록 커졌어.

"이 나라의 모든 것이 우리 집안의 손아귀에 있구나, 허허."

안동 김씨는 **풍양 조씨**와 더불어 순조, 헌종, 철종 대까지 약 60년간 왕비를 번갈아 내면서 조선의 권력을 차지했어. 이처럼 왕실의 *외척 등 소수의 인물이나 집안이 권력을 독차지하고 나라를 다스리는 것을 **세도 정치**라고 불러. 세도 정치 시기에 왕의 힘은 점점

약해졌어. 신하들도 왕이 아니라 세도 가문의 눈치를 살폈지.

나라의 벼슬자리는 점점 세도 가문에 가까운 사람들로 채워졌어. 여러 양반이 세도 가문에 많은 뇌물을 바치고 벼슬자리를 얻었지.

"대감 어른, 이번에 고을 수령 자리가 하나 비었다면서요? 이건 저의 작은 성의이니 받아 주십시오, 헤헤."

뇌물을 바쳐 관직을 얻은 벼슬아치들은 그만큼 백성들에게서 무거운 세금을 거둬 갔어. 이때 백성들은 **삼정의 문란**으로 고통받았어. '삼정'은 백성들이 부담해야 했던 세 가지 세금 제도로 '전세', '군포', '환곡'이 있었어. '삼정의 문란'이란 이 세 가지 세금에 관한 나랏일이 제대로 이루어지지 않았던 것을 뜻해.

전세는 논밭에 매기는 세금이었고, 군포는 군대에 가는 대신 내는 옷감이었어. 환곡은 봄에 ★양식이 부족할 때 빌렸다가 가을에 갚는 곡식이었지. 환곡은 원래는 세금이 아니었지만, 세월이 흐르면서 세금처럼 변해 갔어.

"아니, 봄에는 모래가 섞인 쌀을 빌려주더니, 이렇게 많은 쌀을 내놓으라고?"

세도 정치가 계속되면서 백성들의 고통은 점점 커졌어. 산속으로 도망치거나 도적이 되는 백성들도 많아졌지. 세도 정치 아래 고통받는 백성들의 불만은 화산처럼 폭발하기 일보 직전이었어.

낱말 체크

★**세도** 권세, 또는 그 권세를 마구 휘두르는 일.

★**외척** 외가 쪽의 친척.

★**양식** 생존을 위해 필요한 사람의 먹을거리.

김조순

김조순은 정조가 아끼던 신하였어. 주요 관직을 두루 거치고 순조에게 딸을 시집보냈지. 김조순은 어린 왕 순조를 도와 열심히 일했지만, 그가 죽은 뒤 그의 가문인 안동 김씨의 세도 정치가 심해졌어.

백골징포

삼정의 문란을 보여주는 대표적인 예가 백골징포야. '백골징포'란 흰 해골, 즉 이미 죽은 사람에게서까지 군포를 거둔다는 말이야. 군포는 당연히 살아 있는 사람이 부담해야 했는데, 이미 죽은 사람의 몫까지 자손들에게 내게 한 거야. 백성들이 얼마나 고통받았을지 짐작이 가지?

"죽은 형 몫의 군포도 네가 내거라!"
"네?"

쏙쏙 퀴즈 - 맞으면 O, 틀리면 X

1. 세도 정치 시기에 왕의 힘은 전보다 더 강해졌다.

2. 백성들은 삼정의 문란으로 고통받았다.

조선 시대 1811년

100 홍경래의 난이 일어나다

#홍경래의 난
#임술 농민 봉기
#참다참다결국폭발😡

　　세도 정치 아래 탐욕스러운 관리들에게 시달리던 백성들의 불만은 커질 대로 커졌어. 마침내 백성들은 무기를 들고 *봉기를 일으켰지.

　　가장 먼저 봉기가 일어났던 지역은 **평안도**야. 평안도는 청나라와의 무역 덕분에 상업이 발달한 지역이었어. 하지만 조선 정부에서는 평안도에서 더욱 많은 세금을 거뒀을 뿐 아니라 오랜 차별을 해 왔어. 평안도 출신으로 높은 관직에 오른 사람이 거의 없을 정도였지. 그러니 평안도 사람들의 불만이 무척 컸겠지?

　　평안도 사람 중에 홍경래라는 양반이 있었어. 홍경래는 *출세의 꿈을 안고 과거 시험을 봤지만 번번이 시험에 떨어졌어.

"아무리 공부해도 출세할 수 없다니! 이놈의 세상을 뒤엎으리라!"

1811년 12월, 홍경래는 뜻을 함께 하는 동료들을 모아 마침내 봉기를 일으켰어. 이것이 **홍경래의 난**이야. 홍경래군은 순식간에 평안도의 여러 고을을 점령했어. 제법 큰 고을이었던 정주성도 홍경래군의 손아귀에 들어갔지.

관군은 난을 진압하려고 많은 군사로 정주성을 에워싸고 공격을 퍼부었어. 홍경래군은 100일 넘게 버텼지. 그러자 관군은 땅굴을 파고 화약을 터뜨려 성벽 한쪽을 무너뜨려 버렸어. 그리고 그곳을 통해 성안으로 물밀 듯이 쳐들어왔어. 홍경래군은 결국 패하고 말았지.

홍경래의 난이 끝나고 약 50년이 지난 1862년에는 백성들의 불만이 이곳저곳에서 터져 나왔어. 경상도 **진주**를 시작으로 전국 곳곳에서 대규모 봉기가 일어난 거야.

"더 이상 못살겠다! ★탐관오리를 몰아내자!"

이 봉기를 임술년(1862)에 농민들이 전국적으로 일으킨 봉기라는 뜻에서 **임술 농민 봉기**라고 불러. 몇몇 세도 가문이 권력을 차지하고 백성들을 쥐어짜던 세도 정치는 마침내 백성들의 강력한 저항에 부딪힌 거야.

낱말 체크

★**봉기** 많은 사람이 정권의 옳지 못한 일에 대항하여 한꺼번에 일어나는 것.

★**출세** 사회적으로 높은 지위에 오르거나 유명해지는 것.

★**탐관오리** 재물에 대한 욕심이 많고 행실이 깨끗하지 못한 벼슬아치.

불상에 얽힌 전설

전라북도 고창의 선운사 도솔암 마애불은 큰 바위에 새겨진 불상이야. 전설에 따르면 불상의 가슴에는 신비한 책이 숨겨져 있는데, 이 책이 세상에 나오면 나라의 주인이 바뀐다고 해. 세도 정치에 불만이 컸던 백성들의 마음을 엿볼 수 있지.

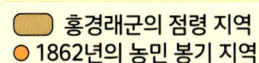
백성들이 봉기를 일으킨 곳

홍경래의 난과 임술 농민 봉기가 일어난 지역을 표시한 지도야. 세도 정치 시기 고통받던 백성들이 전국 곳곳에서 봉기를 일으켰던 것을 알 수 있어.

■ 홍경래군의 점령 지역
● 1862년의 농민 봉기 지역

맞는 것 고르기

1 평안도 양반 홍경래는 (전라도/**평안도**)에서 봉기를 일으켰다.

2 1862년에는 백성들이 (강원도/**전국**) 곳곳에서 봉기를 일으켰다.

유교의 나라 조선

조선의 건국과 제도 정비

이성계는 정도전 등 신진 사대부의 도움을 받아 조선을 세웠어. 정도전은 유교의 가르침에 따라 도성과 궁궐을 건설했지. 세종 때에는 경제, 과학 기술 등 여러 분야에서 큰 발전을 이루었어. 누구나 쓰기 쉬운 한글도 만들었지. 조선은 기본 법전인 『경국대전』을 바탕으로, 의정부와 6조 같은 통치 기구를 두고 전국을 8도로 나누어 다스렸어.

유교 질서의 확립과 사림의 성장

훈구와 대립하던 사림은 네 차례의 사화를 겪으며 큰 피해를 입었어. 하지만 지방에서 서원과 향약을 통해 힘을 키워 마침내 조선을 이끌어가는 세력이 되었지. 사림의 노력 속에 조선 사회에는 유교 도덕이 널리 퍼졌어. 그리고 양반, 중인, 상민, 천민의 4신분이 존재하는 양반 중심의 사회가 만들어졌어.

임진왜란과 병자호란

일본은 임진왜란을 일으켜 조선을 침략했어. 이순신이 이끄는 수군, 육지의 관군과 의병의 활약으로 조선은 일본을 물리칠 수 있었어. 한편 중국에서 명나라에 맞서 후금이 성장하자, 광해군은 중립 외교로 대응했어. 하지만 청(후금)은 인조 때 병자호란을 일으켜 조선을 침략했지. 두 차례의 전쟁으로 조선은 큰 피해를 입었어.

조선 후기의 정치·사회 변화

정치 권력을 두고 붕당 간의 다툼이 격렬해지자, 영조와 정조는 탕평책을 실시해 정치를 안정시켰어. 한편으로 모내기법과 같은 새로운 농사법이 등장해 농업이 발달하고, 그에 따라 상업도 성장했어. 삶에 여유를 갖게 된 백성들은 서민 문화를 발전시켰어. 그러나 세도 정치가 시작되면서 관리들의 수탈로 고통받는 백성들도 늘어났어.

무너지는 성벽을 고쳐라!

일본군이 조선에 쳐들어왔어! 그런데 우리 성벽이 무너지려고 하잖아!
빈칸에 알맞은 글자를 써 넣으면 무너지는 성벽을 고칠 수 있어.
아래 문제를 보고 알맞은 답을 써 봐.

1. 훈민정음, 즉 오늘날의 한글을 만든 왕이야.
2. 훈구와 대립한 세력이야. 사화로 큰 피해를 입었어.
3. 임진왜란의 영웅이야. 조선 수군을 이끌었어.
4. 명과 후금 중 어느 편도 들지 않고 중립 외교를 펼친 왕이야.
5. 사림이 정치적 입장이나 학문에 따라 나뉘어 모인 것이야.
6. 수원 화성을 건설하고 여러 가지 개혁 정책을 펼친 왕이야.
7. 영조가 노론과 소론을 고루 관직에 뽑아 정치를 안정시킨 정책이야.

1. ┌종┐
2. ┌림┐
3. ┌이┐
4. ┌군┐
5. ┌당┐
6. ┌조┐
7. ┌평┐

그리 쉽진 않았을 텐데…
자, 약속한 간식이다!

정답 200쪽

도전! 한국사능력검정시험

좀 더 어려운 과제에 도전해 볼까?

48회 기출

01 밑줄 그은 '이 왕'의 업적으로 옳은 것은?

75쪽지

우리 모둠에서는 존경하는 역사 인물로 이 왕을 선정하였습니다.

역사 인물 발표회

〈간식단 모둠〉

선정 이유
집현전을 세웠다.
훈민정음을 만들었다.

① 4군 6진을 개척하였다.
② 『경국대전』을 완성하였다.
③ 「대동여지도」를 제작하였다.
④ 경복궁을 세웠다.

51회 기출 변형

02 (가)에 해당하는 책으로 옳은 것은?

77쪽지

조선 제9대 국왕인 성종 대에는 통치에 관한 규범들을 확립하기 위해 많은 책이 편찬되었다. 나라를 다스리는 데 필요한 법률을 담은 (가) 이/가 완성되었으며, 그밖에 나라의 의례를 정비한 『국조오례의』와 궁중 음악에 관한 책인 『악학궤범』이 간행되었다.

①  삼봉집

②  경국대전

③ 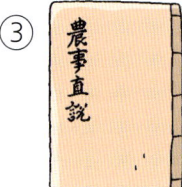 농사직설

④ 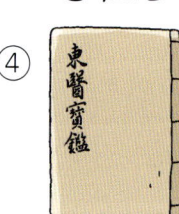 동의보감

48회 기출 03 (가) 전쟁 중에 있었던 사실로 옳은 것은?

① 천리장성이 축조되었다.
② 한산도 대첩에서 승리하였다.
③ 황룡사 9층 목탑이 불타 없어졌다.
④ 윤관이 별무반 편성을 건의하였다.

진주성에서 김시민 장군의 지휘 아래 관군과 백성들이 일본군에 맞서 싸우고 있습니다. 이 전투가 일본의 침략으로 시작된 (가) 의 흐름에 어떤 영향을 미칠지 관심이 모아지고 있습니다.

진주성에서 치열한 전투 중

47회 기출 04 밑줄 그은 '왕'의 정책으로 옳은 것은?

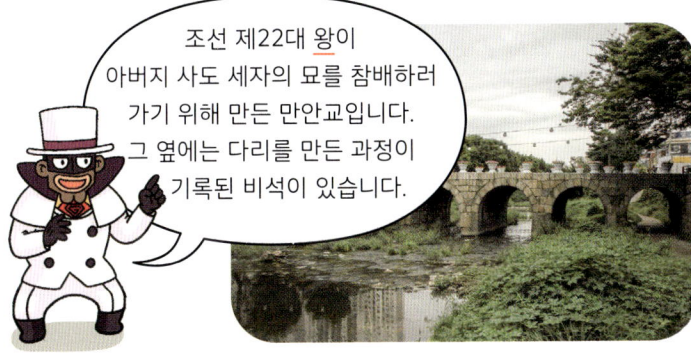

조선 제22대 왕이 아버지 사도 세자의 묘를 참배하러 가기 위해 만든 만안교입니다. 그 옆에는 다리를 만든 과정이 기록된 비석이 있습니다.

① 장용영을 만들었다.
② 집현전을 설치하였다.
③ 척화비를 세웠다.
④ 『경국대전』을 완성하였다.

52회 기출 변형 05 (가)에 들어갈 화폐로 옳은 것은?

(가) 는 조선 숙종 때 만들어지기 시작해 널리 사용된 동전으로, 그 이름은 '항상 일정한 가치로 통하는 돈'을 뜻한다.

① 건원중보　② 해동통보　③ 상평통보　④ 가상 화폐

2 개항기

1863년 흥선 대원군, 권력을 잡다

1876년 일본과 강화도 조약을 맺다

1894년 동학 농민 운동이 일어나다.

개화를 통해
근대로 나아가다

조선 말, 외국 세력은 강한 군사력을 앞세워 개항을 요구해 왔어. 조선은 마침내 일본과 강화도 조약을 맺고 개화 정책을 추진했어. 고종은 대한 제국의 황제가 되어 개혁을 시도했지. 뜻있는 지도자들과 국민들도 근대적인 개혁을 이루고자 했어. 그러나 일제는 대한 제국에 을사늑약을 강요하고 한반도를 차근차근 집어삼키기 시작했어.

1897년
고종, 대한 제국의 황제가 되다

1905년
을사늑약으로 주권을 빼앗기다.

1909년
안중근, 이토 히로부미를 쏘다

 **개항기** 1863년

101 흥선 대원군, 권력을 잡다

#흥선 대원군
#서원 철폐 #경복궁 중건
#고종이클때까지는내가짱

나라의 권력을 쥔 안동 김씨 가문은 허수아비 왕을 원했어. 그래서 능력이 뛰어난 왕족들을 끊임없이 견제하고 억눌렀지. 왕족 중 하나였던 흥선군은 이러한 안동 김씨의 탄압을 피하려고 일부러 정치에 관심이 없는 척을 했어.

그러던 흥선군에게 엄청난 기회가 찾아왔어. 1863년 철종이 자식 없이 죽자, 흥선군의 12살 난 아들이 다음 왕으로 선택된 거야. 그가 바로 고종이야. 흥선군은 이제 **흥선 대원군**으로 불리게 되었어.

"때가 되었구나. 그동안 무너졌던 왕실의 권위를 높이리라!"

권력을 잡은 흥선 대원군은 안동 김씨를 몰아내고 세도 가문이 장악하고 있던 비변사라는 정치 기구도 없애 버렸어. 그리고 붕당과

출신에 관계 없이 인재를 뽑아 자신을 지지해 줄 세력을 키웠지.

 흥선 대원군은 백성들의 생활을 개선하는 데에도 힘을 기울였어. 우선 백성들이 탐관오리의 간섭 없이 환곡을 빌릴 수 있도록 한 사창제와 군포를 면제받던 양반들에게 군포를 걷는 호포제를 실시했어. 또 백성들에게 강제로 일을 시키고 괴롭히던 **서원을 *철폐**했지. 전국의 650여 곳의 서원 가운데 47곳만 남기고 대부분 없애 버린 거야.

 "백성들을 괴롭히는 서원은 필요 없다. 어서 헐어 버려라!"

 흥선 대원군의 정책은 백성들의 큰 호응을 얻었어. 하지만 무리하게 시행한 정책도 있었어. 바로 임진왜란 때 불탄 경복궁을 다시 짓는 일이었지. **경복궁 *중건 공사**에는 많은 돈과 일손이 필요했거든. 흥선 대원군은 공사비를 마련하기 위해 백성들에게서 돈을 걷고, 당백전이라는 새로운 동전도 만들었어.

 당백전은 상평통보의 100배나 되는 가치를 지닌 동전이었어. 하지만 갑자기 이렇게 큰 액수의 돈을 마구 찍어 내자 실제 돈의 가치는 떨어지고 대신 *물가가 오르기 시작했어. 상품들의 가격이 오르니 백성들의 삶은 더욱 힘들어졌어. 또 일손이 바쁜 농사철에 공사를 도와야 했으니 백성들의 불만은 커질 수밖에 없었지.

낱말 체크

★**철폐** 제도나 규정 등을 없애는 것.

★**중건** 아주 낡거나 무너진 절이나 궁 같은 큰 건물을 다시 짓는 것.

★**물가** 한때 한 지역의 중요한 상품들의 평균 가격.

당백전

상평통보의 100배나 되는 가치를 지닌 동전이라고 했지만 실제 가치는 그보다 훨씬 작았어. 그러자 사람들은 당백전을 사용하기를 꺼렸지.

? 흥선 대원군

흥선 대원군은 조선의 제26대 왕 고종의 아버지야. '대원군'이란 자신은 왕이 아니지만 그 아들이 왕이어서 왕의 아버지가 된 사람을 뜻하는 명칭이야. 살아 있을 때 대원군이 된 경우는 흥선 대원군밖에 없다고 해. 흥선 대원군은 어린 고종을 대신해서 막강한 권력을 휘둘렀어.

쏙쏙 퀴즈 — 맞으면 O, 틀리면 X

1 흥선 대원군은 왕이 되어 권력을 차지했다.

2 흥선 대원군은 경복궁을 내버려 두고 다른 궁궐을 지었다.

 개항기 1860~70년대

102 병인양요와 신미양요

#병인양요 #신미양요
#척화비
#서양과친하게지내면매국!

　홍선 대원군이 조선을 다스리던 때, 나라 밖 상황은 빠르게 변하고 있었어. 서양의 힘센 나라들이 군함을 이끌고 아시아의 여러 나라에 찾아와 무역을 하자면서 *개항을 요구했던 거야. 옆 나라 청나라와 일본은 이미 서양에 굴복하고 나라의 문을 연 뒤였지.

　홍선 대원군은 서양과 무역을 하면 결국 그들에게 침략당할 것이라고 생각하고 나라의 문을 굳게 닫았어. 그리고 서양에서 들어온 종교인 천주교를 *탄압했어. 이 사건으로 프랑스인 신부들과 수천 명의 조선인 신자들이 목숨을 잃었어.

　"뭣이? 조선 정부가 우리 프랑스 신부들을 죽였다고?"

　프랑스는 이 사건을 구실로 강화도에 쳐들어왔어. 이것을 '병인년에 서양인이 일으킨 난리'라는 뜻에서 **병인양요**(1866)라고 해. 조선군은 프랑스의 침입에 맞서 용감히 싸웠어. 양헌수 장군이 이끄는 조선군이 강화도의 정족산성에서 프랑스군을 물리쳤지.

병인양요가 일어날 즈음에 이번에는 **미국**의 배 제너럴셔먼호가 평양에 나타났어. 제너럴셔먼호가 무역을 요구하며 대포를 쏘아 대자, 평양의 관군과 백성들은 그 배를 불태워 버렸지.

그러자 미국은 제너럴셔먼호 사건을 핑계로 강화도에 쳐들어왔어. 신미년에 일어난 이 사건이 **신미양요**(1871)야. 이때 강화도의 광성보에서 치열한 전투가 벌어졌어. 어재연 장군을 비롯한 조선군은 용감히 싸우다 전사하고 말았어. 미군은 전투에서 승리했지만 이후에 조선 정부와의 협상이 쉽지 않다고 생각해 돌아갔어.

두 차례 전쟁을 겪은 뒤, 흥선 대원군은 나라 곳곳에 **척화비**를 세워 서양 세력과 교류하지 않겠다고 선언했어. '척화'는 누군가와 친하게 지내자는 주장을 거부한다는 뜻이야.

"서양인과 친하게 지내는 것은 나라를 팔아먹는 것이다!"

하지만 우리나라만 언제까지 나라의 문을 닫고 있을 수는 없었어. 이웃 나라들은 저마다 서양의 과학 기술을 받아들여 나라의 발전을 이루려고 애쓰고 있었거든.

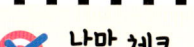

낱말 체크

★**개항** 항구를 개방해 외국 배의 출입을 허가하는 것.

★**탄압** 무력이나 권력으로 많은 사람을 강제로 억누르는 것.

척화비

흥선 대원군 때 만든 척화비야. 당시에 전국 200여 곳에 이런 척화비를 세웠다고 해. 척화비에는 다음과 같은 글귀를 새겼어. "서양 오랑캐가 침입하는데 싸우지 않으면 화친하는 것이요, 화친을 주장하는 것은 나라를 팔아먹는 것이다."

조선 왕조의 『의궤』

병인양요 때 프랑스군은 강화도에 있던 『의궤』를 약탈해 갔어. 『의궤』는 왕실의 주요 행사를 기록한 보고서 같은 거야. 행사의 내용과 절차 등을 그림과 함께 자세하게 기록했어. 약탈당한 『의궤』는 한참 뒤인 2011년이 되어서야 우리나라로 돌아왔어.

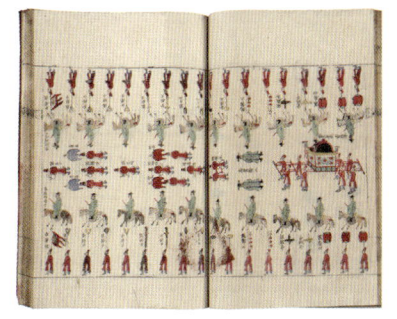

쏙쏙 퀴즈 - 맞는 것 고르기

1 병인양요는 1866년 (**프랑스**/스위스)가 강화도에 침입한 사건이다.

2 흥선 대원군은 서양과의 교류를 거부하며 (**척화비**/순수비)를 세웠다.

 개항기 1876년

103 강화도 조약, 나라의 문을 열다

#강화도 조약
#근대적_but_불평등
#개화는돈이너무많이들어ㅜ

고종은 성인이 된 뒤 직접 정치를 하기 시작했어. 고종은 흥선 대원군과 달리 나라의 발전을 위해 나라의 문을 여는 것에 관심이 있었지. 그때 이웃 나라 일본이 접근해 왔어. 일본은 서양의 기술과 무기를 적극적으로 받아들여 나라의 힘을 빠르게 키우고 있었지.

일본은 서양식 군함인 운요호를 몰고 조선에 와서 나라의 문을 열라고 강요했어. 고종은 결국 개항을 결심하고 이듬해 일본과 *조약을 맺었어. 이것이 우리나라 최초의 *근대적 조약인 **강화도 조약**(1876)이야. 하지만 그 내용을 살펴보면 조선에 불리한 내용이 많이 포함된 **불평등 조약**이었지.

강화도 조약에서는 조선이 자주적인 나라로서 일본과 평등한 권

리를 갖는다고 했어. 말이야 그럴듯하지만, 여기에는 청나라가 조선에 간섭하지 못하게 하려는 일본의 속셈이 깔려 있었지. 또한 일본의 배는 조선의 해안을 마음대로 조사할 수 있다고 했어. 일본인이 조선에서 범죄를 저질렀을 때 조선의 법이 아니라 일본의 법으로 심판받는다는 내용도 있었지.

"힘들게 다른 나라와 조약을 맺었으니, 이제 외국의 좋은 문물을 받아들여 나라를 발전시켜야겠다!"

강화도 조약을 체결해 외국에 나라의 문을 연 고종은 그 뒤 본격적으로 **개화 정책**을 추진했어. 서양의 문물을 받아들여 나라를 부유하고 강하게 만드는 것을 '개화'라고 해. 고종은 서양처럼 강한 군대를 만드는 일에 특히 관심을 보였어. 그래서 청나라에 영선사라는 사절단을 보내 서양식 무기 만드는 법을 배워 오게 했어. 또 서양식 군대인 **별기군**을 만들어 군사 훈련을 시키기도 했지.

강화도 조약 이후 조선은 미국, 영국, 프랑스, 독일 등 여러 나라와 차례로 외교 관계를 맺었어. 그리고 각 나라에 사신과 유학생들을 보내 서양의 기술과 제도를 배워 오도록 했지. 강화도 조약을 계기로 조선은 서양의 문물을 받아들이면서 지금 우리가 살아가는 모습과 비슷한 방향으로 차츰 변화하게 되었던 거야.

낱말 체크

★**조약** 나라와 나라 사이의 약속.

★**근대** 지금으로부터 멀지 않은 가까운 시대. 역사적으로는 그 이전에 비해 정치, 경제, 사회, 문화, 과학 기술 등 사회 전반에 걸쳐 큰 변화가 일어났던 시대를 뜻함.

별기군

별기군은 1881년 만들어진 조선 최초의 신식 군대로 일본인 교관의 훈련을 받았어.

강화도 조약

강화도 조약 당시 회담 장면을 그린 그림이야. 일본은 조선과의 우호를 약속했지만 실제로는 힘을 앞세워 조약을 맺을 것을 강요했어. 회담 장소 가까이에는 일본 군인들이 기관총을 세워 두고 있었지. 그림 속 조선 대표들의 표정도 어딘지 불편해 보여.

쏙쏙 퀴즈 — 맞으면 O, 틀리면 X

1 조선은 청나라와 강화도 조약을 체결했다.

2 고종은 강화도 조약 체결 후 개화 정책을 펼쳤다.

 **개항기** 1860~80년대

104 개항을 반대한 위정척사 운동

#위정척사 운동
#양반 유생 중심
#개항하려면내목부터치셈

서양 세력의 위협이 커지면서 양반 유생들을 중심으로 위정척사파가 생겨났어. '위정척사'란 바른 것을 지키고 나쁜 것은 물리친다는 뜻이야. 여기서 바른 것이란 유교를 중심으로 한 조선의 전통이고, 나쁜 것은 서양의 문물을 말하지.

위정척사파는 서양 세력의 침략이 나타나던 1860년대부터 본격적으로 **위정척사 운동**을 벌이기 시작했어. **이항로**, **기정진** 등 여러 양반 유생들은 서양의 문물을 받아들이면 조선의 전통이 무너져 나라가 위태로울 것이라고 주장했어. 또한 서양의 상품이 조선에 들어오게 되면 나라 경제가 크게 어려워질 것이기 때문에 나라의 문을 열어서는 안 된다고 주장했어.

1876년 고종이 일본과 강화도 조약을 맺으려 하자, 위정척사를 주장했던 사람들은 강력히 반대하고 나섰어. **최익현**을 비롯한 유생들은 일본과 서양이 한통속이라고 생각했거든.

"전하, 서양을 따라 하는 일본과 손을 잡으면 안 됩니다!"

1880년에는 일본에 갔던 사신이 청나라 사람이 쓴 『**조선책략**』이라는 책을 가지고 돌아온 일이 있었어. 이 책은 조선이 러시아의 침략을 막기 위해 중국, 일본, 미국과 친하게 지내야 한다는 내용을 담고 있었지. 그러자 양반 유생들은 다시 한번 힘을 모았어. 경상도 지역에서는 **이만손**이라는 선비를 중심으로 만 명의 유생들이 모여 ★상소문을 올렸지.

"미국은 우리가 잘 모르던 나라입니다. 그들과 친해져서 좋을 것이 없습니다!"

이 상소문은 『조선책략』을 비판하는 동시에 정부의 개화 정책에 반대하는 것이었어. 하지만 그럼에도 조선 정부는 계속해서 개화를 추진했어. 결국 위정척사 운동은 차츰 힘을 잃게 되었지.

위정척사 운동은 나라의 문을 틀어막고 사회의 발전을 위해 필요했던 변화를 거부했다는 점에서 분명히 한계가 있어. 하지만 외국 세력의 침략 의도를 꿰뚫어 보고 그들로부터 나라를 지키기 위한 운동이었다는 점에서는 의미가 있어.

낱말 체크

★**상소문** 조선 시대에 임금에게 올리는 글.

『조선책략』

청나라 외교관으로 일본에 가 있었던 황쭌셴이 지은 책이야. 이 책에서는 조선이 북쪽 러시아의 위협에 맞서기 위해서는 중국, 일본, 미국을 가까이 해야 한다고 주장했어. 나아가 영국, 프랑스, 독일, 이탈리아 등 서양 여러 나라와도 외교 관계를 맺어야 한다고 주장했지. 하지만 미국 등 서양 세력과 교류해야 한다는 주장은 위정척사파의 큰 반발을 불러일으켰어.

최익현

최익현은 위정척사 운동을 이끌었던 인물 중 한 명이야. 궁궐 앞에 엎드려 강화도 조약을 체결하려면 도끼로 자신의 목부터 치라고 말했던 것으로 유명해. 훗날 조선을 침략하는 일본에 맞서 의병 운동을 하다 일본 쓰시마섬에 유배되어 죽었어.

쏙쏙 퀴즈 — 맞는 것 고르기

1 최익현 등 위정 척사파는 (서양/동양) 세력의 침략에 맞서 싸워야 한다고 주장했다.

2 (양반 유생/천민)들이 위정척사 운동을 이끌었다.

 **개항기** 1884년

105 급진 개화파의 꿈, 갑신정변

#온건vs급진 개화파
#김옥균 #갑신정변
#3일동안은좋았었는데

위정척사파와는 반대로 외국에 나라의 문을 열어 나라를 발전시켜야 한다고 생각하는 사람들이 있었어. 이런 사람들을 **개화파**라고 불러. 하지만 이들도 곧 개화의 방법과 속도를 두고 둘로 나뉘었지.

김홍집 등은 조선의 법과 제도를 지키면서 서양으로부터는 발달된 기술만을 받아들이자는 입장이었어. 이들을 *온건 개화파라고 해. 반면 **김옥균** 등은 일본을 본받아 서양의 기술뿐만 아니라 제도까지 받아들여 조선이 빠르게 완전히 탈바꿈해야 한다는 입장이었어. 이들을 *급진 개화파라고 불러.

정부를 이끌었던 것은 온건 개화파로, 이들은 청나라의 지지를 받고 있었어. 그러자 급진 개화파는 힘으로라도 정권을 차지해서 자신들의 정책을 밀어붙일 생각을 하게 되었어. 이들은 비밀리에

군대를 훈련시켰어. 청나라를 견제하고 조선에서 세력을 키우고 싶어 했던 일본도 이들을 돕겠다고 약속했지.

급진 개화파는 우정총국이 새로 문을 여는 것을 축하하는 잔칫날 ★정변을 일으켰어.

"개혁을 반대하는 대신들을 모두 찾아 없애라!"

반대파를 제거한 급진 개화파는 새로운 정부를 세웠어. 이를 '갑신년에 일어난 정변'이라는 뜻에서 **갑신정변**(1884)이라고 불러. 새 정부는 청나라의 간섭에서 벗어날 것과 능력에 따라 인재를 뽑고, 세금 제도를 고칠 것 등을 발표했어.

하지만 급진 개화파들의 꿈은 곧 산산조각 났어. 청나라가 군대를 보내 이들을 공격한 거야. 반면 도움을 약속했던 일본군은 결국 나타나지 않았지.

"이럴 수가! 어렵게 세운 정부가 3일 만에 무너지고 말다니!"

갑신정변은 청나라의 간섭으로 결국 실패로 끝났어. 정변을 이끌었던 인물들은 일본으로 도망치거나 죽임을 당했지.

갑신정변은 청나라의 영향에서 벗어나 새로운 국가를 만들기 위한 개혁 운동이었다는 점에서 의미가 있어. 하지만 일본의 도움에만 의존하고 백성들의 지지를 얻지 못했던 것은 아쉬워.

낱말 체크

★**온건** 생각이나 행동 등이 한쪽으로 치우치지 않고 얌전함.

★**급진** 목적이나 이상 등을 급히 실현하고자 함.

★**정변** 혁명이나 반란 등으로 정치적 변화를 만들어 내는 일.

우정총국

우정총국은 우리나라 최초의 근대적 우편 업무를 담당했던 관청으로, 갑신정변이 일어났던 장소로 유명해. 아래는 옛 우정총국을 복원한 건물로, 서울 종로구에 있어.

갑신정변의 주역들

갑신정변을 일으킨 중심 인물들로, 왼쪽부터 박영효, 서광범, 서재필, 김옥균이야. 이들은 갑신정변이 실패하자 일본으로 도망쳤어. 이 사진은 그 뒤 일본에서 찍은 사진이야. 이들은 정변을 일으켰다는 이유로 수차례 살해 위협에 시달렸어. 김옥균은 결국 고종이 보낸 자객에게 암살당하고 말았어.

쏙쏙 퀴즈 — 맞으면 O, 틀리면 X

1 갑신정변을 일으킨 세력은 온건 개화파다.

2 갑신정변은 청나라의 간섭으로 결국 실패했다.

 **개항기** 1894년

106 동학 농민 운동이 일어나다

#동학 농민 운동
#전봉준 #우금치 전투
#정치잘하면우리도봉기안함

조선 정부의 개화 정책에도 불구하고 백성들의 생활은 점점 어려워졌어. 때마침 동학이라는 종교가 백성들을 위로하며 널리 퍼졌지. 특히 탐관오리의 수탈이 심했던 지역에서 그 인기가 높았어.

전라도 고부 지역도 그중 하나였어. 고부 군수 조병갑은 무거운 세금을 거두어 백성들로부터 원망의 대상이었거든. 참다못한 고부 지역의 동학 지도자 **전봉준**은 농민들을 모아 봉기를 일으켰어.

"백성들의 피땀을 빠는 탐관오리 조병갑을 몰아내자!"

고부에서 시작된 봉기는 차츰 이웃 지역으로 확대되었어. 이것을 **동학 농민 운동**(1894)이라고 해. 백산이란 곳에 집결한 수천 명의 동학 농민군은 파죽지세로 주변 고을들을 점령해 나갔어. 황룡촌 전

투를 승리로 이끈 동학 농민군은 마침내 전라 ★감영이 있던 전주성까지 점령하고 전라도 대부분 지역을 장악했지.

당황한 조선 정부는 청나라에 군대를 요청했어. 그런데 청나라군이 조선에 들어오자 일본도 조선에 군대를 보낸 거야. 동학 농민군은 외국 군대의 개입을 막기 위해서 조선 정부와 화해했어. 그리고 **집강소**라는 기구를 설치해 백성의 어려움을 해결할 개혁을 추진했지.

그러나 청나라군과 일본군은 여전히 제 나라로 돌아가지 않고 조선에서 서로 싸움을 벌였어. 이것이 **청일 전쟁**(1894)이야. 그중 일본은 조선 정부의 일에 멋대로 간섭하기 시작했지. 분노한 동학 농민군은 다시 한번 봉기를 일으켰어.

"여러분, 다시 ★죽창을 드시오! 일본군을 몰아냅시다!"

한성으로 향하던 동학 농민군은 충청도 공주의 **우금치**라는 언덕에서 정부군 및 일본군과 전투를 벌였어. 동학 농민군은 용감히 싸웠지만 일본군의 우월한 무기 앞에서 무릎을 꿇을 수밖에 없었지.

그 뒤 전봉준을 비롯한 지도자들이 체포되면서 결국 동학 농민 운동은 막을 내렸어. 동학 농민 운동은 비록 실패했지만, 일반 백성들이 스스로 일으킨 개혁 운동이라는 점에서 큰 의미가 있어.

낱말 체크

★**감영** 조선 시대에 관찰사가 머무르며 일하던 관청.

★**죽창** 대나무로 만든 창.

동학 농민군의 개혁안

동학 농민군은 올바른 정치를 펼치기 위한 개혁안을 정부에 제시했어. 다음은 그 내용의 일부야.

- 탐관오리와 나쁜 양반은 죄를 조사해 벌할 것.
- 노비 문서는 불태워 버릴 것.
- 과부의 재혼을 허락할 것.
- 정식 세금이 아닌 잡다한 세금은 폐지할 것.
- 왜(일본)와 간사하게 통하는 자는 엄히 벌할 것
- 토지는 공평하게 나눠서 경작하게 할 것

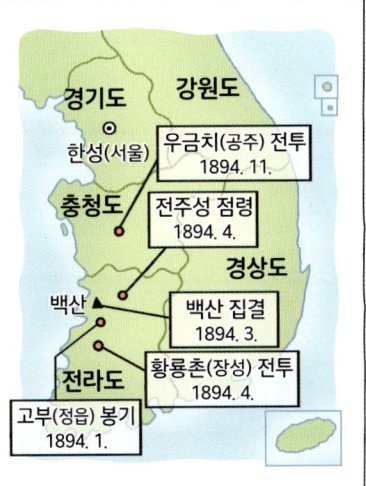
동학 농민 운동의 전개

고부(전북 정읍) 봉기를 시작으로 백산에 집결한 동학 농민군은 황룡촌(전남 장성)에서 관군에 맞서 승리를 거두었어. 그리고 전주성까지 점령하면서 기세를 크게 떨쳤지. 하지만 그해 11월, 정부군 및 일본군과 맞붙은 우금치(충청남도 공주) 전투에서 패배하면서 동학 농민 운동은 막을 내리게 되었어.

맞는 것 고르기

1 (전봉준/조병갑)은 동학 농민 운동의 지도자였다.

2 동학 농민군은 정부군 및 (일본군/청나라군)과 싸워서 지고 말았다.

개항기 1894~5년

107 갑오개혁과 을미사변

#갑오개혁
#을미사변 #아관파천
#신분제폐지!_양반은옛말

청일전쟁을 일으킨 일본은 온건 개화파인 김홍집을 중심으로 조선의 새 정부를 세웠어. 새 정부는 군국기무처라는 기구를 중심으로 개혁을 추진했지. 이 개혁이 **갑오개혁**(1894)이야.

갑오개혁은 비록 일본의 압력을 받아 시작된 개혁이었지만, 당시 조선 사회에 필요한 내용을 담고 있었어. 앞서 동학 농민군이 요구했었던 내용들도 포함되었지. 우선 조선의 변화와 발전을 가로막고 있던 **신분제를 폐지**했어. 또 과거제를 없애 새로운 시대에 필요한 관리를 뽑을 수 있도록 했지.

일본은 청일 전쟁에 승리한 뒤 조선의 정치에 더욱 깊이 간섭하기 시작했어. 고종과 명성 황후는 고민 끝에 러시아를 끌어들여 일

본을 견제하고자 했어. 특히 명성 황후가 적극적으로 나섰지. 그러자 위기감을 느낀 일본은 해서는 안 될 끔찍한 일을 저질렀어.

"우리를 방해하려는 조선의 왕비를 제거하자!"

바로 경복궁 안으로 쳐들어가 명성 황후를 ★시해한 거야. 이 사건을 **을미사변**(1895)이라고 불러.

을미사변을 일으킨 일본은 이제 노골적으로 조선의 정치에 간섭하기 시작했어. 이때 이루어진 개혁을 **을미개혁**(1895)이라고 해. 성인 남성이 상투를 없애고 머리를 짧게 자르도록 하는 단발령을 실행하고, 서양식으로 날짜를 세는 ★양력을 쓰도록 했지.

하지만 을미사변으로 잔뜩 화가 나 있던 한국인들은 우리나라의 오랜 전통을 무시하는 단발령에 거세게 반발했어.

"부모님이 주신 머리카락을 어떻게 자를 수 있느냐! 차라리 내 목을 베어라!"

을미사변과 단발령에 반발해 전국에서 의병들이 들고일어났어. 이때를 틈타 고종은 일본의 감시를 피해 러시아 ★공사관으로 피신했지. 이 사건을 **아관파천**(1896)이라고 해. 아관파천으로 일본이 세운 조선 정부는 무너지고 개혁도 중단되었어.

 낱말 체크

★**시해** 부모나 임금을 죽임.
★**양력** 지구가 태양을 한 바퀴 도는 시간을 1년으로 삼아 날짜를 계산하는 달력.
★**공사관** 외국에 가 있는 외교관(공사)이 사무를 보는 곳.

 **을미사변**

1895년 10월 8일 새벽, 경복궁을 침입한 일본의 군인들과 자객들은 명성 황후를 찾아내 무자비하게 시해했어. 이 사건은 조선에 머물던 일본 외교관의 지시에 따라 저질러진 범죄였지만, 범인들은 일본으로 돌아가 제대로 된 재판도 받지 않고 풀려났어.

갑오·을미개혁의 주요 내용

갑오개혁과 을미개혁으로 조선 사회는 큰 변화를 맞이하게 되었어. 주된 개혁 내용은 다음과 같아.

- **신분 제도의 폐지**: 노비 제도를 금지하고 신분의 차별을 없앴어.
- **과부의 재가 허용**: 남편을 잃은 과부도 재혼을 할 수 있게 되었어.
- **과거제의 폐지**: 과거 시험을 없애고 대신에 일본식 관료 제도를 실시했어.
- **나라와 왕실의 사무 분리**: 나랏일을 하는 부서와 왕실의 일을 하는 부서를 분리했어.
- **단발령 실시**: 성인 남성의 머리를 짧게 자르도록 했어.
- **양력 사용**: 태양의 움직임을 기준으로 한 서양식 달력을 사용했어.

쏙쏙 퀴즈 맞으면 O, 틀리면 X

1. 갑오개혁은 노비 제도를 금지하고 신분의 차별을 없앴다.

2. 일제는 을미사변을 일으켜 명성 황후를 시해했다.

개항기 1896년

108 독립 협회, 『독립신문』을 펴내다

#서재필 #독립 협회 #만민 공동회 #할말다하니가슴이뻥뚫림

러시아 공사관에 머물게 된 고종은 나랏일을 제대로 돌보지 못했어. 일본과 서양 국가들은 이때를 틈타 앞다투어 조선에서 이익을 챙기려고 했어. 특히 고종을 곁에 둔 러시아의 영향력이 커졌지.

이러한 상황에서 갑신정변에 참여했던 **서재필**이 미국에서 돌아와 『**독립신문**』을 펴냈어. 서양의 사상을 조선에 소개하고 백성들을 깨우치기 위해서였지. 서재필을 중심으로 다시 뭉친 개화파 인사들은 **독립 협회**를 만들었어. 관리, 학생, 농민 등 다양한 사람들이 여기에 참여했지.

독립 협회는 청나라나 러시아 등 외국 세력이 조선에서 영향력을 키우는 것을 막아야 한다고 생각했어. 그러려면 먼저 백성들의 독

립 의식을 키워야 했지. 독립 협회는 일반 백성들로부터 모금을 해서 독립문을 세웠어.

독립 협회는 백성들이 자유롭게 자신의 생각을 말할 수 있는 모임인 **만민 공동회**를 열기도 했어. 그리고 이곳에서 나온 의견을 모아 고종에게 전달했지. 만민 공동회에서는 ★백정이나 기생처럼 차별받던 사람들도 사람들 앞에서 당당하게 자신의 생각을 이야기할 수 있었어.

"관리와 백성들이 힘을 합쳐 나라의 힘을 키웁시다!"

만민 공동회의 경험을 통해 일반 백성들은 자신들도 나랏일에 목소리를 내고 참여할 수 있다는 생각을 가질 수 있었어.

하지만 조선 정부의 대신들은 이러한 독립 협회의 활동을 못마땅하게 생각했어. 백성들의 힘이 커지는 것을 두려워했던 거야. 이들은 독립 협회가 왕이 없는 나라를 세우려 한다고 고종에게 모함했어. 이 말에 놀란 고종은 독립 협회를 강제로 ★해산시켜 버렸지.

독립 협회는 백성들을 깨우치는 한편, 조선에서 이득을 챙기려는 외국 세력의 침략을 막고자 했어. 백성들은 만민 공동회에 나가면서 직접 정치에 참여하는 경험을 맛볼 수 있었지.

낱말 체크

★**백정** 옛날에 소나 돼지 등의 동물을 잡는 일을 직업으로 하던 사람.

★**해산** 집단, 조직, 단체 따위가 해체하여 없어짐. 또는 없어지게 함.

서재필

갑신정변의 주역 중 하나였던 서재필은 정변이 실패한 뒤 일본으로 달아났다가 미국으로 건너갔어. 미국에서 공부해 의사가 된 서재필은 조선에서 갑오개혁이 일어나자 돌아와서 독립 협회를 만드는 데 중심 역할을 했어.

독립문

현재 서울시 서대문구에 있는 독립문은 1897년에 독립 협회의 건의로 세워졌어. 중국 사신을 맞이하던 영은문을 헐고 그 자리에 건설했지. 중국을 대국으로 받들던 과거에서 벗어나 자주독립하자는 뜻을 담은 것이었지. 문의 모양은 프랑스 파리의 개선문을 본떴다고 해.

쏙쏙 퀴즈 - 맞는 것 고르기

1 (서재필/김옥균)은 미국에서 돌아와 『독립신문』을 펴냈다.

2 (만민/천민) 공동회에서 백성들은 자신의 생각을 자유롭게 말했다.

개항기 1897년

109 고종, 대한 제국의 황제가 되다

#고종 황제
#대한 제국 #광무개혁
#나도황제임_내말만들으삼

고종은 러시아 공사관에 머문지 1년 만에 경운궁(덕수궁)으로 돌아왔어. 고종은 나라의 모습을 새롭게 하여 조선이 독립국임을 세계에 알릴 필요가 있다고 생각했지. 그래서 1897년에 나라 이름을 **대한 제국**으로 바꾸고, 환구단에서 **황제**의 자리에 올랐어.

"짐은 이제 대한 제국의 황제이니라. 연호는 '광무'로 하겠다!"

스스로 황제가 된 고종은 '대한국 국제'라는 일종의 *헌법을 발표했어. 대한 제국은 자주 독립 국가이며, 황제가 대한 제국의 모든 권력을 갖는다는 내용을 분명히 했지.

고종은 '구본신참'을 원칙으로 근대적인 개혁을 추진했어. 구본신참은 '옛것을 바탕으로 하고 새것을 참고한다.'는 뜻이야. 이 개혁을 광무 황제 때 이루어진 개혁이라고 해서 **광무개혁**이라고 불러.

고종은 먼저 모든 군사적 권한을 황제에게 집중시키고 군사력을 키웠어. 서양식 배를 들여오고 군사 학교도 세웠지. 또 전국의 토지를 자세히 조사해 땅 주인들을 확인하고 이를 기록한 문서를 만들도록 했어.

"전국의 토지가 각각 누구의 땅인지 잘 정리해 둬야 해. 그래야 그들로부터 더 많은 세금을 거둬서 나라의 힘을 키울 수 있지."

광무개혁에서 특히 신경 쓴 부분은 **산업과 교육**이었어. 산업을 발전시키기 위해 근대적 회사와 은행, 공장 등을 세우고 해외에 유학생들을 보내 외국의 기술을 배워 오도록 했지. 또 기술 학교와 외국어 학교 등을 세워 인재들을 길러 냈어.

광무개혁은 외국 세력의 간섭 없이 대한 제국이 자주적으로 추진한 근대적 개혁이었어. 하지만 국민의 권리를 보호하기보다 황제의 권력을 키우는 데에 *치중했다는 한계가 있어. 게다가 개혁을 진행하기 위해 외국에서 많은 돈을 빌려 나라의 빚이 크게 늘어나기도 했지.

외국에 진 빚을 갚기 어려워진 대한 제국 정부는 대신에 철도 부설권, 광산 채굴권 등 나라의 주요 산업을 개발할 수 있는 권리를 외국에 넘기기도 했어. 개혁이 충분한 성과를 거두지 못하면서 외국의 간섭은 더욱 심해지게 되었지.

낱말 체크

★**헌법** 국가 통치의 기본 방침, 국민의 권리와 의무, 통치 기구의 조직 등을 정하는 최고의 법.

★**치중하다** 어떤 사실을 특별히 중요하게 여기다.

서양식 복장을 한 고종

대한 제국 황제가 된 고종이 서양식 군복을 입고 찍은 사진이야. 서양식 군대를 키워 강한 나라를 만들고 싶었던 고종의 뜻이 엿보이는 듯해.

❓ 환구단

환구단은 황제가 하늘에 제사를 올리는 제단을 뜻해. 고종은 환구단을 짓고 이곳에서 대한 제국 황제의 자리에 올랐어. 사진에서 오른쪽의 둥근 지붕으로 덮인 곳이 바로 환구단이야.

쏙쏙 퀴즈 — 맞으면 O, 틀리면 X

1. 고종은 나라의 이름을 대한 제국으로 고쳤다.

2. 고종은 광무개혁으로 국민의 권리를 보호하는 데 힘썼다.

개항기

110 새로운 근대 문물이 들어오다

#서양식_의식주
#전기_전차_기차
#누가아직도말타고다니니

대한 제국 시기에는 외국으로부터 **새로운 문물**이 많이 들어왔어. 그러면서 사람들의 생활 모습에도 큰 변화가 나타났지.

먼저 눈에 띄는 것은 달라진 사람들의 옷차림이었어. 한복은 전보다 훨씬 간편한 형태로 만들어 입었고, **서양식 의복**을 입는 사람들도 많아졌어. 단발을 한 남자들도 늘어났지.

외국의 음식과 음료도 소개되기 시작했어. 궁궐에서는 서양 외교관들에게 서양식 요리와 커피, *홍차를 대접했어. 고종도 커피를 아주 좋아했다고 해. 거리에는 '청요릿집'이라는 이름의 중국 음식점이 들어섰고, 어묵이나 초밥 같은 일본 음식도 들어왔지.

"청나라에서 들어온 짜장면, 호떡 있습니다! 둘이 먹다가 하나가

죽어도 모를 맛입니다!"

서양식 건물들도 여럿 세워졌어. 주로 외국 공사관, 은행, 호텔, 성당, 교회 같은 곳이었지. 고종이 머무는 궁궐이었던 경운궁에도 서양식 건물이 지어졌어.

사람들의 생활 모습을 크게 바꾸었던 것은 무엇보다 **전기**였어. 경복궁에서는 처음으로 전기를 이용해 밤에 전등을 밝혔어. 관청들에는 전화기가 놓였고, 서울 거리에는 전기를 이용한 ***전차**가 다니기 시작했지. 사람들은 움직이는 커다란 전차에 큰 관심을 가졌어.

"우아, 저 큰 쇳덩어리가 저절로 움직이다니, 신기하기도 하네!"

도시와 도시 사이를 잇는 철도도 만들어졌어. 1899년에는 서울과 인천을 잇는 경인선 **철도**가 완성되었지. 이후 서울과 부산을 잇는 경부선, 서울과 북쪽의 의주를 잇는 경의선이 차례로 만들어졌어. 사람들은 **기차**를 보고 철로 된 말이 달리는 것 같다고 해서 '철마'라고 부르기도 했어.

사람들은 기차를 타려면 정해진 시각에 맞춰 역으로 가야 했어. 이러한 경험은 차츰 사람들에게 시간을 잘 지켜야 한다는 생각을 심어 주었지. 이처럼 외국에서 들어온 새로운 문물은 사람들의 생활 모습과 사고방식을 크게 바꾸어 놓았어.

낱말 체크

★**홍차** 차나무 잎을 쪄서 발효시켜 만든 불그레한 차.

★**전차** 전기의 힘으로 시내의 철길 위를 달리게 만든 차.

덕수궁 석조전

고종이 경운궁(덕수궁)에 지은 서양식 건물이야. 1900년에 건물 공사를 시작해서 1910년에 완공했어. '석조전'은 '돌로 지은 궁전'이라는 뜻이야.

개항기 전차

1899년에 서울 서대문과 청량리 사이를 잇는 전차 노선이 처음 생겼어. 전차를 처음 본 사람들은 말이나 소도 없이 저절로 움직이는 전차를 몹시 무서워했다고 해. 하지만 나중에는 전차가 큰 인기를 얻게 되어서, 전차를 타 보려고 서울로 여행을 오는 사람들이 생겨날 정도였지.

쏙쏙 퀴즈 - 맞는 것 고르기

1 대한 제국 시기에는 (**커피**/식혜) 등 서양 음료도 들어왔다.

2 서울 거리에는 전기의 힘으로 (**전차**/KTX)가 다니기 시작했다.

개항기 1905년

111 을사늑약으로 주권을 빼앗기다

#을사늑약
#외교권 박탈
#이제조선은독립국가아님

*일제는 청일 전쟁에서 승리하고 한반도에서 세력을 키워 나갔어. 하지만 곧 러시아라는 또 다른 경쟁자를 맞닥뜨렸지. 일본과 러시아는 한반도를 두고 치열하게 경쟁했어.

"한국은 우리 일본이 차지할 거야!"

"흥, 누구 맘대로! 우리 러시아한테 까불지 마라."

마침내 일본이 러시아를 먼저 공격하면서 두 나라 사이에 전쟁이 일어났어. 이것이 **러일 전쟁**(1904)이야. 대한 제국은 어느 쪽의 편도 들지 않고 *중립을 선언했지만, 일제는 이 선언을 무시했어. 오히려 강제로 대한 제국의 땅을 점령해 군사 기지를 세우고 정치에 간섭했어. 대한 제국은 이를 막을 힘이 없었지.

러일 전쟁은 결국 일본의 승리로 끝났어. 누구의 방해도 받지 않게 된 일제는 대한 제국을 집어삼킬 계획을 세웠어. 조선 침략을 주도한 일본 대사 **이토 히로부미**는 고종이 머무는 궁궐을 일본 군사들로 에워싸고 고종에게 조약 문서를 내밀며 서명을 강요했어. 일본이 대한 제국을 보호할 테니, 대한 제국은 외국과 외교할 권리를 일본에 넘기라는 내용의 조약이었지.

"여기 서명하시오. 그렇지 않으면 폐하의 안전을 보장할 수 없소!"

고종은 끝까지 서명을 거부했어. 그러자 이토 히로부미는 조정 대신들을 꼬드기거나 협박해 조약을 강제로 맺도록 했어. 이것이 바로 **을사늑약**(1905)이야. '을사년에 강제로 맺은 조약'이라는 뜻이지. 을사늑약에 서명한 자들은 이완용을 비롯한 5명의 대한 제국 대신들이었어. 사람들은 이들을 을사늑약을 맺어 일제에 나라를 팔아먹은 5명의 도적이라는 뜻의 **을사오적**이라고 불렀어.

을사늑약으로 대한 제국은 일제에 **외교권**을 빼앗기게 되었어. 이제 대한 제국은 일제의 허락 없이는 다른 나라와 외교 활동을 할 수도, 조약을 맺을 수도 없었지. 또 일제는 **통감부**라는 기관을 설치해 대한 제국의 외교와 정치를 감독했어. 대한 제국은 꼼짝없이 일제에 나라를 빼앗길 처지로 내몰리게 되었어.

낱말 체크

★**일제** '일본 제국' 또는 '일본 제국주의'를 줄인 말로, 주변 나라들을 침략하여 영토를 넓히고 이익을 얻으려고 했던 일본을 가리키는 말.

★**중립** 대립하는 두 세력이나 국가 사이에서 어느 편에도 치우치지 않는 중간 입장.

덕수궁 중명전

경운궁(덕수궁) 안에 지은 서양식 건물로 1901년에 완성되었어. 고종은 이곳에 머물며 나랏일을 처리했지. 1905년 을사늑약이 체결된 장소로서 우리나라의 슬픈 역사를 간직한 곳이기도 해.

을사늑약에 저항한 민영환

을사늑약이 체결되자, 이에 대한 저항이 전국적으로 일어났어. 대한 제국 대신을 지냈던 민영환은 을사늑약이 강제로 체결되자, 이를 되돌리려고 여러 노력을 기울였어. 하지만 모든 노력이 물거품이 되자, 을사늑약에 반대한다는 뜻을 알리려고 스스로 목숨을 끊었어.

쏙쏙 퀴즈 — 맞으면 O, 틀리면 X

1 러일 전쟁을 일으킨 일본은 결국 러시아에 패배했다.

2 일제는 을사늑약을 맺어 대한 제국의 외교권을 빼앗았다.

 개항기 1907년

112 헤이그 특사를 파견하다

#헤이그 특사
#고종 폐위 #군대 해산
#나라에힘이없으면모두외면

고종은 순순히 을사늑약을 받아들일 수 없었어. 대신에 을사늑약이 무효라는 사실을 외국에 알리려고 했어. 고종은 네덜란드 헤이그에서 열리는 **만국 평화 회의**에 이준, 이상설, 이위종 세 사람을 *특사로 보냈어. 이들을 **헤이그 특사**라고 불러. 특사들의 임무는 일제의 침략을 세계에 알리고 도움을 구하는 것이었어.

1907년 한성을 출발한 이준은 러시아의 동쪽 끝 블라디보스토크에서 이상설을 만나 함께 기차를 타고 서쪽으로 향했어. 그리고 상트페테르부르크에서 이위종을 만나 네덜란드 헤이그로 이동했지. 무려 두 달에 걸친 긴 여행이었어.

헤이그에 도착한 특사들은 각국의 대표들에게 만국 평화 회의에

참석하게 해 달라고 부탁했어. 하지만 차갑게 거절당했지.

"을사늑약에 따라 대한 제국의 외교권은 일본에 있소. 그러니 일본의 허락 없이는 회의에 참석할 수 없소."

특사들은 크게 실망했지만 포기하지 않았어. 이들은 회의장 주변에 모인 세계 각국의 신문 기자들에게 일제의 침략 사실을 알렸어. 특사들은 마침내 그들 앞에서 연설할 기회를 얻었지. 외국어에 뛰어났던 이위종이 자리에서 일어나 프랑스어로 연설을 했어.

"을사늑약은 무효입니다! 한국의 독립을 도와주십시오!"

각국의 기자들은 그의 연설에 깊은 인상을 받고 한국을 지지하는 기사를 쓰기도 했어. 하지만 거기까지였어. 서양 각국의 정부는 일본과 더 가까웠고, 힘없는 대한 제국의 독립을 무리해서 도와줄 생각이 없었거든. 일본도 계속해서 특사들의 활동을 방해했지. 특사들을 이끌었던 이준은 분한 마음을 다스리지 못하고 깊은 슬픔을 느끼다가 그만 헤이그에서 세상을 떠나고 말았어.

일제는 고종이 헤이그 특사를 보낸 것을 문제 삼았어. 그래서 강제로 **고종을 ★폐위**시키고 그의 아들 순종이 뒤를 잇게 했지. 또 새로운 조약을 강요하여 대한 제국의 **군대를 해산**시켜 버렸어. 대한 제국의 운명은 더욱 깊은 어둠 속으로 빠져들고 있었어.

낱말 체크

★**특사** 국가에서 특별한 임무를 주어 외국에 파견하는 사람.

★**폐위** 왕이나 왕비 등을 자리에서 몰아냄.

우리나라를 도운 외국인

호머 헐버트는 일제의 침략에 맞서 우리나라를 도왔던 미국인이야. 헐버트는 고종에게 만국 평화 회의에 특사를 보낼 것을 건의했지. 일제의 눈을 속이기 위해 자신이 특사인 것처럼 행세하기도 했어.

헤이그 특사

왼쪽부터 이준, 이상설, 이위종이야. 이준은 배와 기차로 이동하면서 이상설과 이위종을 차례로 만나 함께 헤이그로 향했는데, 그 이동 거리가 12,000km나 되었어.

쏙쏙 퀴즈 맞는 것 고르기

1 고종은 만국 평화 회의가 열리는 네덜란드 (베를린/헤이그)에 특사를 보냈다.

2 헤이그 특사는 세계 각국의 (기자/대표)들에게 일제의 침략에 대해 알렸다.

 개항기 1895~1910년

113 항일 의병 운동, 일제에 맞서 싸우다

#항일 의병 운동
#일본의노예가되어사느니
자유민으로죽겠소

일제의 한반도 침략이 계속되자, 일제에 저항하려는 움직임이 곳곳에서 나타났어. 그중 일부는 의병이 되어 무기를 들고 직접 일본과 싸웠는데, 이것이 *항일 의병 운동이야.

"일어나시오! 우리나라를 침략하는 일본에 맞서 싸웁시다!"

처음 대규모의 항일 의병 운동이 일어난 것은 1895년 을미사변 후였어. 일제가 명성 황후를 시해하고 단발령까지 실시하자, 분노한 백성들이 일제에 맞서 싸웠지. 이것이 을미의병이야. 을미의병은 주로 위정척사 운동을 벌였던 **양반 유생들**이 이끌었어.

1905년에 을사늑약이 맺어지자 다시 한번 의병 운동이 일어났어. 이것이 을사의병이야. 이때도 의병 운동을 이끈 것은 주로 양반

출신 *의병장이었지만, 차츰 **평민 출신 의병장**도 등장했어. 그 가운데 **신돌석**은 뛰어난 활약으로 '태백산 호랑이'라는 별명으로 불리며 일본군을 벌벌 떨게 했지.

"내가 바로 태백산 호랑이 신돌석이다! 어디 맛 좀 봐라!"

1907년 고종이 일제의 강요로 황제의 자리에서 물러나고 대한 제국 군대마저 해산당하자, 의병 운동은 더욱 거세졌어. 해산된 군인들이 의병이 되면서 의병들의 전술이나 무기의 수준이 훨씬 높아졌지. 이 시기의 의병을 정미의병(1907)이라고 해. 이때부터 의병 운동은 **항일 의병 전쟁**으로 발전했어.

의병들은 이곳저곳에서 일본군과 전투를 벌이는 수준을 넘어 아예 한반도에서 일본군을 몰아낼 계획을 세웠어. 전국의 의병장들은 힘을 모아 **13도 창의군**이라고 하는 연합 부대를 만들어 한성으로 진격했지. 하지만 안타깝게도 일본군에 패배하고 말았어.

그 뒤 일제는 한반도에서 의병 운동을 말살하기 위해 의병 운동이 가장 활발했던 전라도 지역을 집중 토벌했어. 이것을 남한 대토벌 작전이라고 해. 일제의 공격으로 수많은 의병과 백성들이 큰 피해를 입었지. 살아남은 의병들은 일제의 탄압을 피해 해외로 나가 독립군이 되어 항일 투쟁을 이어 갔어.

낱말 체크

★**항일** 일본 제국주의에 맞서 싸움.

★**의병장** 의병을 거느리는 장수.

여성 의병장 윤희순

윤희순은 최초의 여성 의병장이야. 강원도 춘천 지역에서 활약했던 윤희순은 나라를 구하는 데는 남녀의 구별이 있을 수 없다면서 여성들로 된 의병대를 조직했어. 의병 활동을 권하는 노래도 만들었지. 훗날 대한 제국이 일본의 식민지가 된 뒤에는 가족들과 함께 중국으로 넘어가 계속해서 항일 운동을 벌였어.

평민 의병장 신돌석

평민이었던 신돌석은 1896년 19살의 나이로 의병이 된 뒤 능력을 인정받아 의병장이 되었어. 신돌석은 강원도와 경상도, 충청도의 산지를 중심으로 활약했는데, 일본군을 기습 공격하는 전술로 이름을 날려 '태백산 호랑이'라는 별명을 얻었어. 하지만 안타깝게도 일본에 붙어 배신한 부하들에게 죽임을 당하고 말았어.

쏙쏙 퀴즈 맞는 것 고르기

1 항일 의병을 이끈 의병장은 모두 양반 출신이었다.

2 전국의 의병장들은 연합 부대를 만들어 한성으로 진격하기도 했다.

개항기 1905~1910년

114 아는 것이 힘! 애국 계몽 운동

#애국 계몽 운동
#신민회 #국채 보상 운동
#아는게힘_모르면배우자!

　의병 운동과는 다른 방법으로 우리나라의 독립을 지키려고 한 사람들도 있었어. 이들은 빼앗긴 *국권을 회복하려면 무엇보다도 우리 **민족의 실력**을 키워야 한다고 생각했지. 그래서 학교를 세우고 신문을 펴내 백성들을 가르치고, 회사를 세워 경제를 일으키자는 운동을 벌였어. 이러한 운동을 **애국 계몽 운동**이라고 해. '계몽'이란 배우지 못한 사람을 가르쳐서 깨우치는 것을 뜻해.

　1905년 을사늑약이 체결되자 애국 계몽 운동가들은 학교를 지어 민족 교육을 실시했어. 또 신문을 펴내 일반 백성들에게 나라 안팎의 상황을 널리 알리려고 했지. 『황성신문』은 을사늑약의 체결을 비판했어. 『대한매일신보』는 의병 운동을 지지하는 기사를 썼지.

　일제의 침략에 맞서기 위해 안창호, 양기탁 등은 비밀 독립운동

조직인 **신민회**를 만들었어.

"우리 신민회는 나라의 독립을 지킬 뿐 아니라 *공화정을 세우는 것을 목표로 해야겠소."

신민회는 오산 학교와 대성 학교를 세워 학생들을 가르치고 여러 회사를 세워 민족의 실력을 기르고자 했어.

하지만 일본의 침략이 점점 심해지자, 신민회는 실력을 기르는 것만으로는 독립을 지키기 어렵다고 판단했어. 그래서 해외에 독립 운동 기지를 세우고 무력으로 일본에 대항하려고 했어.

애국 계몽 운동의 하나로 국민이 돈을 모아 나라의 빚을 갚자는 ***국채 보상 운동**도 일어났어. 대한 제국은 일본에 큰돈을 빌려 막대한 빚을 지고 있었거든. 국채 보상 운동을 일으킨 사람들은 이 빚을 갚아야지만 일본의 간섭에서 자유로워질 수 있다고 생각한 거야.

"우리 모두 담배를 끊고 가락지를 내서 나라의 빚을 갚읍시다!"

대구에서 시작된 국채 보상 운동은 곧 전국으로 퍼져 나갔어. 하지만 이 운동은 일제의 방해 때문에 안타깝게도 실패하고 말았지.

애국 계몽 운동은 일제의 감시와 탄압이 심해지면서 목표를 이루지는 못했어. 하지만 사람들에게 독립 의지를 고취시키고 나라의 주인이 국민이라는 생각을 깨우치려 했다는 점에서 의의가 있어.

낱말 체크

★**국권** 국가가 행사하는 권력. 주권과 통치권.

★**공화정** 국민이 뽑은 대표들이 맡아서 하는 정치.

★**국채** 나라가 지고 있는 빚.

『대한매일신보』

영국인 신문 기자였던 베델이 양기탁 등 독립운동가들의 지원을 받아 펴냈던 신문이야. 의병 운동과 국채 보상 운동을 지지하는 등 일제에 맞서 독립 의지를 불러일으키는 데 큰 성과를 거뒀어.

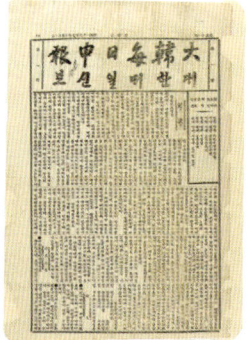

안창호와 대성 학교

다음은 독립운동가 안창호와 그가 민족 교육을 위해 평양에 세운 대성 학교의 졸업식 사진이야. 안창호는 신민회를 조직하고 애국 계몽 운동을 벌이는 등 독립운동에 평생을 바쳤어.

쏙쏙 퀴즈 맞는 것 고르기

1 애국 계몽 운동은 나라의 독립을 위해 민족의 (실력/무력)을 키우려고 했다.

2 국채 보상 운동은 (일본/러시아)에 진 빚을 국민의 힘으로 갚자는 운동이었다.

개항기 1909년

115 안중근, 이토 히로부미를 쏘다

#안중근 #하얼빈역
#이토 히로부미 사살
#한국독립과동양평화를위해

"탕! 탕! 탕!"

1909년 10월 26일 러시아의 하얼빈 역에서 세 발의 *총성이 울려 퍼졌어. 뒤이어 한 명의 일본인이 쓰러졌지. 그는 일제가 대한 제국을 침략할 때 앞장섰던 이토 히로부미였어. 이토 히로부미를 쏜 남자는 군인들에게 붙잡혀 가면서 러시아어로 외쳤지.

"꼬레아 우라(대한 만세)!"

그의 이름은 **안중근**이야. 안중근은 1879년 황해도의 양반집에서 태어났어. 그는 민족 의식과 개화 사상을 두루 지닌 청년으로 자라났지. 또한 무예를 익히고 뛰어난 사격 솜씨도 갖추었어.

1905년 을사늑약이 맺어지자 안중근은 **애국 계몽 운동**에 뛰어들

었어. 하지만 나라의 운명은 점점 더 기울어 갔지. 1907년에 고종이 일제의 강요로 황제의 자리에서 물러나고 대한 제국의 군대마저 해산되자, 안중근은 러시아의 연해주로 가서 의병장이 되어 **항일 의병**을 이끌었어.

그 뒤 안중근은 뜻있는 동지들을 모아 조국을 위해 목숨을 바치기로 맹세했어. 얼마 뒤 을사늑약을 강요한 **이토 히로부미**가 중국 하얼빈에 온다는 소식이 들려왔어. 안중근은 동지들과 함께 이토 히로부미 *사살을 준비했어. 드디어 이토 히로부미가 **하얼빈역**에 도착하자, 안중근은 이토를 향해 권총을 발사했어. 한국 침략의 *원흉 이토 히로부미는 그렇게 세 발의 총알을 맞고 최후를 맞이했지.

안중근은 그 자리에서 붙잡혀 일본 정부의 재판에 넘겨졌어.

"그대는 어찌하여 이토 히로부미를 죽였는가?"

"나는 개인적인 감정 때문이 아니라 대한 제국의 독립과 동양 평화를 위해 이토를 죽였소."

안중근은 당당하게 자신의 뜻을 밝혔어. 하지만 일본인들은 재판도 제대로 진행하지 않고 안중근에게 사형을 선고했어. 안중근은 결국 1910년 32세의 나이에 감옥에서 안타까운 죽음을 맞이했지. 조국의 독립을 위해 목숨을 내놓았던 그의 용기는 지금까지도 많은 사람들의 가슴을 울리고 있어.

 낱말 체크

★**총성** 총을 쏠 때에 나는 소리.

★**사살** 활이나 총 따위로 쏴 죽임.

★**원흉** 못된 짓을 한 사람들의 우두머리.

 **안중근의 글씨**

안중근은 중국 뤼순 감옥에 갇힌 뒤 여러 점의 붓글씨를 남겼어. 아래는 그중 하나로, '인내(忍耐)'라는 글씨를 쓴 것이야. 왼쪽 아래에는 안중근의 손바닥 도장이 찍혀 있는데, 자세히 보면 넷째 손가락이 짧은 것을 알 수 있지. 안중근은 동지들과 함께 손가락을 잘라 조국의 독립을 위해 목숨을 바치기로 맹세했다고 해.

 **맞으면 O, 틀리면 X**

1 안중근은 애국 계몽 운동과 항일 의병 운동에 모두 참여했다.

2 안중근이 처단한 사람은 도요토미 히데요시다.

안중근의 「동양 평화론」

감옥에 갇힌 안중근의 모습이야. 안중근은 재판관 앞에서 일제가 동양의 평화를 깨뜨리고 대한 제국의 국권을 빼앗은 것을 비판했어. 안중근은 이러한 생각을 바탕으로 「동양 평화론」이라는 글을 쓰려고 했어. 하지만 일제는 안중근이 이 글을 완성하기 전에 서둘러 그를 사형시켜 버렸어.

116 독도와 간도

#독도 #간도
#자꾸너희땅이라우기면
안용복다시보낸다

"그 누가 아무리 자기네 땅이라고 우겨도 독도는 우리 땅~!"

이런 노래 가사를 들어 본 적이 있니? **독도**는 우리나라 동해의 울릉도에 속한 섬이야. 하지만 일제는 러일 전쟁 중에 독도를 주인 없는 섬이라고 주장하면서 강제로 일본 땅으로 만들어 버렸어. 지금도 일본은 독도가 자기네 땅이라고 우기고 있지.

하지만 독도는 **신라 때부터 우리의 영토**였어. 고려와 조선 시대에도 독도를 우리 땅으로 여겼고 그 위치를 지도에 표시하기도 했지. 조선 숙종 때 일본 어부들이 독도를 침범하자, **안용복**이라는 조선 어부가 일본에 가서 항의해서 사과를 받고 돌아온 일도 있었어.

안용복의 이야기에서 알 수 있듯이 일본 스스로도 독도가 조선 땅

인 것을 인정하고 있었어. 조선 고종 때에는 일본의 최고 행정 기관이 일본 관리들에게 "울릉도와 독도는 일본과 관계없음을 명심하라."는 지시를 내리기도 했지. 이처럼 많은 역사적 기록이 독도가 오래 전부터 우리나라의 땅이었음을 확실하게 보여 주고 있어.

독도와 더불어 일제가 마음대로 주인을 바꿔 버린 또 다른 지역이 간도야. **간도**는 두만강 북쪽의 지역인데, 먼 옛날에는 고조선, 부여, 고구려, 발해의 영토였던 땅이야. 우리 민족이 활발히 활동했던 곳이지.

조선 숙종 때 간도 지역을 놓고 청나라와 다툼이 생기자, '백두산 정계비'를 세워 ★국경을 정하기도 했어. '정계비'란 '경계를 정하는 비석'이라는 뜻이야. 이것으로 **간도는 조선이 관리**하는 지역으로 인정되었지. 조선 철종 때를 지나면서는 무거운 세금을 피해 간도로 넘어가 사는 사람들이 많아졌어. 대한 제국 때에는 간도 지역을 담당하는 관리를 파견하기도 했지.

그런데 을사늑약 후에 일제가 만주의 철도 부설권과 탄광 채굴권 등의 이권을 얻는 대신 간도를 청나라에 넘겨주었어. 외교권을 빼앗긴 대한 제국은 아무것도 할 수 없었지. 이후에도 우리나라 사람들은 **간도로** ★**이주**해 살거나 독립운동을 위해 건너가기도 했어. 하지만 이제 청나라의 영토가 되었기 때문에 우리에겐 점차 잊힌 땅이 되어 버렸어.

낱말 체크

★**국경** 나라와 나라의 영역을 가르는 경계.

★**이주** 다른 곳으로 옮겨 가서 사는 것.

독도의 갈매기

독도는 우리나라 동해안 지역에서 유일하게 괭이갈매기의 집단 서식지가 있는 곳이야. 독도는 이밖에도 독특하고 과학적 가치가 높은 자연환경을 지니고 있어. 그래서 우리 정부는 독도 전체를 천연기념물로 지정해서 보호하고 있어.

우리 땅 독도에 관한 기록

독도가 오랜 역사 동안 우리 땅이었다는 사실은 옛 책이나 지도에서 자주 찾아볼 수 있어. 다음은 조선 초기에 제작된 「팔도총도」라는 지도야. 울릉도와 독도를 우리 영토에 속하는 섬으로 표현한 것을 볼 수 있어.

맞는 것 고르기

1 (독도/간도)는 동해에 있는 우리나라의 섬이다.

2 (완도/간도)에는 조선 철종 때 이후로 우리나라 사람들이 많이 이주했다.

개화를 통해 근대로 나아가다

개항과 개화 정책

흥선 대원군은 안으로는 정치 개혁을 실시하고, 밖으로는 병인양요와 신미양요를 일으킨 서양 세력의 접근을 거부했어. 그러나 고종 때 무력을 앞세운 일본과 강화도 조약을 맺고 개항을 하게 되었지. 조선 정부가 개화 정책을 펼치기 시작하자, 일본과 서양 세력을 거부하자는 위정척사 운동이 일어나기도 했어.

근대적 개혁의 추진

급진 개화파는 갑신정변을 일으켜 조선을 개혁하려 했지만 3일만에 실패했어. 고통받던 농민들은 전봉준의 지휘 아래 동학 농민 운동을 일으켰지. 그러자 일본이 개입해 동학 농민군을 무너뜨리고 청일 전쟁에서도 승리를 거뒀어. 조선 정부는 갑오개혁과 을미개혁을 실시해 신분제를 폐지하는 등 여러 개혁을 추진했어.

 독립 협회와 대한 제국

외국 세력이 침략하자, 독립 협회는 『독립 신문』을 발행하고 독립문을 세워 독립 의식을 키우고자 했어. 만민 공동회를 열어 백성들도 정치에 참여하도록 했지. 대한 제국의 황제가 된 고종은 광무개혁을 추진해 산업과 교육을 발전시키려고 했어. 그러면서 서양식 의복과 건물, 전차 등 새로운 근대 문물도 퍼지게 되었지.

일제에 맞선 우리 민족의 저항

일제는 을사늑약을 강요해 우리나라의 외교권을 빼앗아 갔어. 고종은 헤이그 특사를 보내 을사늑약이 무효임을 알리려고 했어. 그러자 일제는 고종을 황제의 자리에서 몰아내고 군대마저 해산시켰지. 일제의 침략에 맞서 우리 민족은 항일 의병 운동과 애국 계몽 운동을 일으켰어. 안중근은 을사늑약을 주도한 이토 히로부미를 사살했지.

악어를 피해 강을 건너자!

고종 황제의 편지를 미국 대통령에게 전하러 왔어.
그런데 미시시피강에서 악어 떼를 만났지 뭐야.
다리를 건너려면 좌우 2개의 발판 가운데
'역사 인물 – 활동'을 알맞게 짝지은 발판만 밟아야 해.
발판을 잘못 밟으면 다리가 무너져
강에 빠질 테니 조심해!

흥선 대원군 — 개항	고종 — 개항
김옥균 — 갑신정변	김옥균 — 갑오개혁
전봉준 — 강화도 조약	전봉준 — 동학 농민 운동
서재필 — 독립 협회	서재필 — 항일 의병 운동
안중근 — 헤이그 특사	이준 — 헤이그 특사

제대로 건넜단 말이지?
자, 약속한 간식이다!

정답 200쪽

도전 한국사능력 검정시험

좀 더 어려운 과제에 도전해 볼까?

52회 기출 01 (가)에 들어갈 섬으로 옳은 것은? — 116쪽

이 섬이 무슨 섬인지 아시나요?

(가) 는 옛날부터 우리의 영토였습니다. 조선 때 안용복은 일본 어부들이 이곳 앞바다를 침범하자 일본에 가서 항의하기도 했습니다.

① 독도
② 완도
③ 거문도
④ 흑산도

52회 기출 02 밑줄 그은 '이 사건'으로 옳은 것은? — 105쪽

우리 급진 개화파는 개화 정책을 강력하게 추진하기 위해 1884년 이곳 우정총국이 문을 여는 것을 축하하는 날 이 사건을 일으키고 새 정부를 세웠습니다. 그러나 청나라의 간섭으로 3일 만에 실패로 끝났습니다.

① 갑신정변
② 을미사변
③ 갑오개혁
④ 아관 파천

52회 기출 03 다음 사건이 일어났을 때의 일로 옳은 것은?

백산 집결 → 황룡촌 전투 → 전주성 점령 → 우금치 전투

① 외규장각 도서가 약탈되었다.
② 집강소를 설치하여 개혁을 추진하였다.
③ 홍의 장군 곽재우가 의병장으로 활약하였다.
④ 평안도 사람에 대한 차별이 원인이 되어 일어났다.

54회 기출 04 (가)에 해당하는 신문으로 옳은 것은?

① 독립신문
② 제국신문
③ 해조신문
④ 대한매일신보

(가)에 대해 검색해 줘.

서재필이 중심이 되어 창간한 신문입니다. 서양의 사상을 전하고 백성들을 깨우치기 위해 펴냈습니다.

55회 기출변형 05 다음에서 설명하는 문화유산으로 옳은 것은?

고종이 머물던 경운궁에 지은 서양식 건물이다. 건물 이름은 '돌로 지은 궁전'이라는 뜻이다. 당시 건축된 서양식 건물 중 규모가 가장 크다.

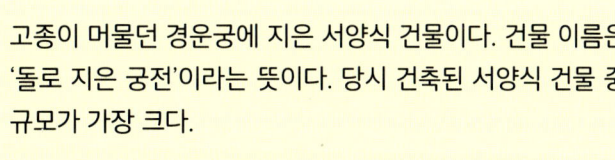

① 황궁우　② 독립문　③ 덕수궁 석조전　④ 환구단

3 일제 강점기

1910년
우리나라, 일본의 식민지가 되다

1919년
3·1 운동이 일어나다

1920년
봉오동 전투와 청산리 대첩

일제의 식민 지배를 받다

1910년 일제는 우리나라를 강제로 식민지로 만들었어. 일제의 침략 전쟁이 확대되면서 수많은 한국인이 강제로 전쟁에 동원되었지. 일제의 식민 지배 아래서 큰 고난을 겪던 우리 민족은 3·1 운동을 일으키는 등 독립을 얻기 위해 끊임없이 일제에 저항했어. 국외에서는 대한민국 임시 정부가 세워졌고, 독립군을 비롯한 여러 단체가 일제에 맞서 싸웠어.

1927년
독립운동 세력, 신간회로 뭉치다

1932년
한인 애국단, 임시 정부의 활기를 되찾다

1940년
한국 광복군이 만들어지다

일제 강점기 1910년

117 일본에 나라를 빼앗기다

#무단 통치 #헌병 경찰
#태형 #칼을 찬 교사
#호랑이보다무서운헌병경찰

대한 제국의 군대까지 해산시킨 일제는 마침내 1910년 8월 대한 제국을 강제로 **일본의 *식민지**로 만들어 버렸어. 그리고 한국인들을 다스리기 위해 **조선 총독부**를 설치했어. 조선 총독부의 우두머리인 조선 총독에는 높은 지위의 일본 군인들이 임명되었지. 군인 출신 총독들은 한국인들의 저항을 억누르기 위해 총칼로 무섭게 다스려야 한다고 생각했어.

그래서 일제는 군대의 경찰인 헌병들에게 한국인들을 감시하는 경찰 임무를 맡겼어. 일제 **헌병 경찰**은 조금이라도 의심 가는 한국인이 있으면 그 자리에서 잡아 가두거나 벌금을 물리는 등 가혹하게 처벌했어.

"이 늦은 밤에 돌아다니다니, 수상한데? 잡아들여!"

게다가 옛날에 죄인의 볼기를 몽둥이로 때리던 형벌인 **태형**도 부활시켰어. 일제는 태형을 잔인하다는 이유로 일본에서 금지시켰지만, 조선과 같은 식민지에서는 여전히 시행했던 거야. 헌병 경찰에게 붙들려 태형을 당한 사람은 아파서 앓아 눕거나 심한 경우 죽기도 했어.

일제는 독립운동과는 아무런 상관이 없는 사람들의 생활까지도 강력하게 통제했어. 일본의 관리는 물론, 교사들도 군인처럼 *제복을 입고 칼을 차고 다녔지. 한국인에게는 낮은 수준의 교육만이 허락되었어. 한국인은 자유롭게 신문을 펴내거나 회사를 세울 수도 없었지.

"조선인들에게는 아직 높은 수준의 교육이 필요하지 않다. 일본 제국의 *신민이 되기 위한 보통 교육이면 충분해."

이처럼 일제가 폭력적인 방법을 써서 우리나라를 강압적으로 다스린 것을 **무단 통치**라고 해. '무단'이란 무력이나 억압을 써서 강제로 행한다는 뜻이지. 이와 같은 일제의 무단 통치 아래 한국인들은 두려움에 떨며 지내야 했어.

"어이쿠, 호랑이보다 헌병 경찰이 더 무섭네그려!"

하지만 한편에서는 일제에 대한 분노와 적개심이 마음 깊은 곳에서 싹트고 있었지.

낱말 체크

★식민지 강대국이 점령하여 정치적·경제적으로 지배하는 지역이나 나라.

★제복 학교·관청·회사 등에 속한 사람들이 통일해서 입도록 정한 옷.

★신민 왕이나 황제가 다스리는 나라의 신하와 백성.

태형 도구

일제는 별것 아닌 일로 태형을 가해 한국인들에게 공포심을 심어 주었어. 익지 않은 감을 팔았다는 이유로 태형 15대, 살고 있는 곳 근처가 깨끗하지 않다는 이유로 태형 20대를 때리기도 했어.

일본인 교사

1918년 보통학교(지금의 초등학교) 졸업식 사진이야. 무단 통치기 때 보통학교 교사들은 헌병 경찰처럼 제복을 입고, 허리에는 칼을 차고 수업에 들어왔어.

쏙쏙 퀴즈 맞으면 O, 틀리면 X

1. 일제는 대한 제국을 강제로 일본의 식민지로 만들었다.

2. 일제는 자유롭고 평화로운 분위기 속에서 우리나라를 다스렸다.

일제 강점기 1910~1918년

118 일제, 토지 조사 사업을 벌이다

#토지 조사 사업
#신고하면땅을준다더니
오히려땅을빼앗아가네

한반도를 식민지로 만든 일제는 1910년부터 1918년까지 8년에 걸쳐 **토지 조사 사업**을 실시했어. 땅의 주인이 누구인지 조사하고 이를 인정하는 증명서를 만들어 주겠다는 것이었지.

일제는 땅 주인을 정확히 밝혀서 효과적으로 땅을 이용하기 위해서 토지 조사 사업을 실시한다고 말했어. 하지만 실제로는 조선 총독부의 수입을 늘리고 일본인들이 더 쉽게 땅을 차지하기 위한 것이었어.

땅을 가진 사람은 반드시 정해진 기간 안에 관청에 가서 자신의 **땅을 신고**해야 했어. 하지만 신고 기간이 너무 짧았고, 서류를 작성하는 일도 복잡했어. 결국 제대로 신고하지 못한 사람들이 많았지.

"어제까지가 토지 신고 기간이었다는데, 자네는 신고했는가?"
"신고하려고 해도 도대체 무슨 말인지 알 수가 있어야지."

조선 총독부는 한국인 농민들이 제대로 신고하지 못한 땅을 모두 차지해 버렸어. 또 대한 제국의 황실이나 정부가 갖고 있던 땅도 자기 소유로 만들었지. 그 결과 조선 총독부는 식민지 조선에서 제일가는 땅 부자가 되었어. 조선 총독부는 토지 조사 사업으로 얻은 땅을 우리나라로 **이민해 온 일본인**들에게 싼값에 넘겼어. 이렇게 많은 땅이 일본인들 손에 넘어갔지.

"흐흐흐, 이게 다 내 땅이라니…. 조선으로 오길 잘했군."

반대로 한국인 농민들은 오랫동안 살아왔던 삶의 터전을 잃어버리게 되었어. 조선 시대에는 땅 주인이 아니더라도 오랫동안 같은 땅에서 농사지어 온 사람들의 권리를 인정했었는데, 일제는 이런 권리를 하나도 인정하지 않았지. 땅을 갖지 못한 농민들은 어쩔 수 없이 큰 비용을 내고 땅을 빌려 농사지어야 했어.

"에헴, 이제부터는 농사지은 쌀의 절반을 *소작료로 내게!"
"예? 절반이나요? 갑자기 소작료를 그렇게 올리면 어떡합니까?"

높은 소작료를 견디지 못한 농민들은 살길을 찾아 도시나 외국으로 향하기도 했어. 이처럼 토지 조사 사업으로 우리나라에 땅을 갖게 된 일본인이 늘어났지만, 많은 한국인은 전보다 더 가난해졌어.

낱말 체크

★**이민** 자기 나라를 떠나 다른 나라로 이주하는 일.

★**소작료** 다른 사람의 땅을 빌려 농사를 지은 대가로 땅주인에게 치르는 사용료.

동양 척식 주식회사

일제가 1908년에 세운 회사야. 일제가 한국인에게 빼앗은 땅을 한국에 온 일본인에게 싸게 빌려주는 역할을 했어.

토지를 측량하는 일본인들

토지 조사 사업을 벌일 때 아직 개간을 하지 않아서 버려둔 땅, 한집안에서 공동으로 소유한 땅 등은 신고하기가 어려웠어. 일제는 이런 땅들은 주인 없는 땅이라 하여 총독부가 차지하게 했어.

쏙쏙 퀴즈 맞는 것 고르기

1. 일제는 (토지/주택) 조사 사업을 벌여 제대로 신고하지 않은 땅을 차지했다.

2. 농민들은 (높은/낮은) 소작료를 내고 농사를 지어야 했다.

 일제 강점기 1910년대

119 이회영 일가, 신흥 무관 학교를 세우다

#전 재산 독립 자금
#신흥 무관 학교
#잊지말자_이회영일가

이회영은 조선에서 손꼽히는 양반 집안 출신이었어. 조상 대대로 높은 벼슬을 지낸 데다 많은 재산을 가진 집안이었지. 이회영은 부잣집 도련님으로 태어났지만 아주 겸손하고 생각이 바른 젊은이로 자랐어. 집안 노비들에게도 존댓말을 썼고, 그들을 노비 신분에서 풀어 주기도 했지.

청년이 된 이회영은 **독립운동**에 적극적으로 뛰어들었어. 독립 협회에서 일하고 헤이그 특사 계획에도 참여했지. 또한 신민회에 가입해 독립군을 키워 내기 위한 군사 학교를 세우는 일을 추진했어. 하지만 군사 학교를 세우는 데에는 많은 돈이 들었어. 땅도 사야 했고, 건물도 지어야 했지. 일제의 감시를 받는 식민지에서는 꿈도 못

꿀 일이었어.

이회영은 한참을 고민한 끝에 둘째 형 이석영을 비롯한 자기 형제들에게 이야기했어.

"나라를 일본에 빼앗겼으니 우리 집안이 나서야 할 때입니다. 북쪽 간도로 가서 독립운동을 합시다!"

"회영아, 네 말이 맞다. 재산을 모두 정리하고 간도로 가자꾸나!"

이회영의 *일가 형제들은 막대한 재산을 팔고 가족들과 함께 간도로 향했어. 이때 *처분한 재산은 오늘날로 치면 약 600억 원 정도의 가치라고 해. 정말 엄청나지?

이회영 형제들은 전 재산을 들여 간도에 **신흥 무관 학교**를 세웠어. 이곳에서 군사 교육과 민족 교육을 실시하며 **독립군**을 이끌 장교들을 길러 냈지. 약 2,100명의 청년들이 이곳에서 독립군의 꿈을 키웠어.

"열심히 훈련을 받아 일본군을 무찌르자!"

신흥 무관 학교를 졸업한 독립군 장교들은 나중에 일제와의 전투에서 큰 활약을 펼치게 돼.

이회영 형제들은 신흥 무관 학교를 세우고 운영하는 데 재산을 다 써 버렸기 때문에 남은 평생을 가난하게 살아야 했어. 나라의 독립을 위해 편안한 삶을 버리고 전 재산을 바친 이회영 형제들의 이야기는 우리에게 큰 감동을 줘.

낱말 체크

★**일가** 한집안.

★**처분** 물건을 남에게 파는 것.

초대 부통령 이시영

이회영의 동생 이시영은 대한민국 임시 정부에 참여하여 독립운동을 했어. 광복 이후에는 우리나라로 돌아와 초대 부통령이 되었어.

마지막까지 독립운동에 헌신하다

이회영은 1932년 만주에 있는 일본군 사령관을 처단하기 위해 만주에 갔다가 일본 경찰에 체포되었어. 당시 66세였던 이회영은 도저히 견딜 수 없는 고문을 당하다 세상을 떠나고 말았지.

쏙쏙 퀴즈 - 맞으면 O, 틀리면 X

1. 이회영 일가는 독립운동을 하기 위해 일본으로 갔다.

2. 신흥 무관 학교는 독립군을 이끌 장교들을 길러 냈다.

일제 강점기 1919년

120 독립 의지를 세계에 알린 3·1 운동

#3·1 운동 #독립 선언서
#만세 운동
#우리민족모두대한독립만세

일제의 무단 통치 아래에서 고통받던 우리 민족은 독립을 열망했어. 그러던 중 1918년 유럽에서 제1차 세계 대전이 끝나고 식민지였던 몇 나라가 독립하는 일이 있었어. 그 소식을 들은 한국인들도 독립의 희망을 품게 되었지.

1919년 1월에는 고종이 갑자기 세상을 떠났어. 일제가 몰래 음식에 독을 풀어 고종을 죽인 것이라는 소문이 돌았지. 이미 10년 가까이 무단 통치에 시달린 한국인들의 분노는 걷잡을 수 없이 커졌어.

한국인 종교 지도자들과 학생 단체의 대표들은 비밀리에 모여서 **독립 선언서**를 만들었어. 마침내 그해 3월 1일, **33명의 민족 대표**들은 경성(서울)의 태화관이라는 요릿집에 모여 독립 선언서를 읽었

지. 하지만 이들은 곧바로 일제 경찰에 붙잡혀 갔어.

경성 탑골 공원에 모여 있던 사람들은 민족 대표들 없이도 독립 선언서를 읽고 **만세 운동**을 벌이기 시작했어.

"만세! 만세! 대한 독립 만세! 일제는 물러가라!"

순식간에 경성 전체가 사람들과 태극기로 뒤덮였어. 경성에서 시작된 만세 ★시위는 약 한 달에 걸쳐 전국으로 퍼져 나갔지. 신분, 나이, 직업에 관계없이 수많은 사람이 거리로 나와 태극기를 흔들었어. 이것이 바로 **3·1 운동**이야.

"한국인이 더 모이게 해서는 안 돼. 모조리 쓰러뜨려!"

당황한 일제는 경찰과 군대를 보내 시위를 폭력적으로 진압했어. 일본군의 총칼에 많은 한국인이 다치거나 죽었지. 시위가 격렬해지자 일제는 한 마을을 통째로 불지르고 사람들을 마구 죽이는 ★만행을 저지르기도 했어.

이와 같은 **일제의 탄압**에도 만세 운동은 멈추지 않고 퍼져 나갔어. 일본, 중국, 러시아, 미국 등 해외의 동포들도 만세 운동을 벌였지. 비록 독립을 이루지는 못했지만, 3·1 운동은 우리 민족이 하나로 뭉쳐 독립 의지를 세계에 널리 알린 사건이었어.

낱말 체크

★**시위** 일정한 요구 조건을 내걸고 많은 사람이 행진이나 집회 등으로 자기들의 의사를 나타내는 것.

★**만행** 야만스러운 행위.

제암리 학살 사건

일제는 경기도 수원(지금의 화성시) 제암리에서 만세 운동이 일어나자 마을 사람들을 교회 안에 가두고 불을 지르는 만행을 저질렀어. 이 사건은 캐나다 선교사인 윌리엄 프랭크 스코필드에 의해 알려졌고, 세계는 일제의 만행에 대해 비판했어.

3·1 독립 선언서

3·1 독립 선언서에는 제국주의의 침략을 반대하고 우리나라의 독립을 선언하는 내용이 담겨 있어.

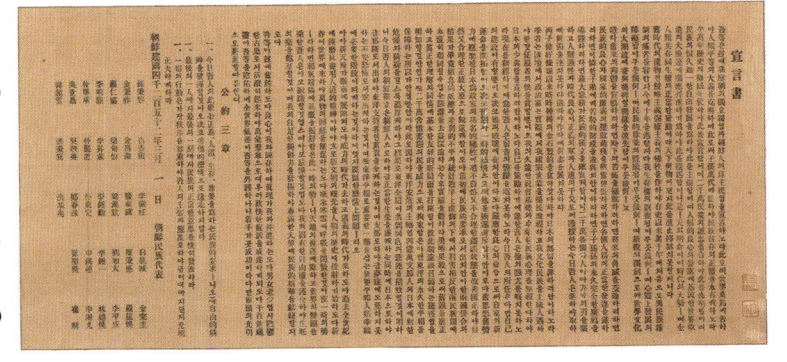

 **맞는 것 고르기**

1 민족 대표 33인은 (독립/식민지) 선언서를 읽고 일제 경찰에 붙잡혔다.

2 일제는 3·1 운동을 (평화적/폭력적)으로 진압했다.

 일제 강점기 1919년

121 대한민국 임시 정부가 세워지다

#대한민국 임시 정부
#민주 공화제
#오늘날대한민국의뿌리!

3·1 운동은 우리 민족의 힘과 독립 의지를 널리 알린 운동이었어. 하지만 민족의 힘을 하나로 모아 실제 독립을 이루기 위해서는 만세를 외치는 것만으로는 부족했지. 3·1 운동 후 독립운동가들은 독립운동을 이끌 정부가 필요하다고 생각했어. 그렇게 해서 만들어진 것이 **대한민국 임시 정부**야.

대한민국 임시 정부는 중국 상하이에 세워졌어. 상하이는 일제의 감시와 간섭을 피해 활동하기에 좋았어. 또 여러 나라의 사람들이 드나드는 곳이어서 세계의 소식을 빠르게 알 수 있었지.

임시 정부는 1919년 9월에 '대한민국 임시 헌법'을 발표했어. 첫 번째 *조항은 다음과 같았지.

"대한민국은 민주 공화제로 한다."

민주 공화제란 국민이 직접 나랏일을 결정하는 정치 제도를 말해. 왕이나 황제가 아니라 국민이 주인이 되는 나라인 것이지. 이렇게 오늘날 대한민국의 뿌리가 되는 대한민국 임시 정부가 탄생한 거야!

임시 정부는 대통령에 이승만, 국무총리에 이동휘를 세우고 다양한 활동을 해 나갔어. 먼저 국내에서 정보를 얻고 독립운동 ★자금을 모으기 위한 **비밀 연락망**을 만들었어. 또 임시 정부의 활동을 알리기 위해 『독립신문』을 펴냈지. 외국과의 **외교 활동**도 벌이기 시작했어. 독립군 부대들을 두고 무장 투쟁을 벌이기도 했지.

하지만 임시 정부의 활동이 큰 성과를 거두지 못하자, 임시 정부 안에서 독립운동의 방향을 두고 갈등이 생겨나기 시작했지.

"독립을 위해서는 외국과 외교를 잘하는 것이 가장 중요하오!"
"무슨 소리! 군대를 길러 전쟁을 해야 독립을 이룰 수 있소!"
"우리 민족의 실력부터 쌓아야 합니다!"

1923년 임시 정부는 국민 대표 회의를 열어 의견을 모아 보려 했지만 결국 합의를 보지 못했어. 실망한 많은 독립운동가들이 임시 정부를 떠났지. 이후 임시 정부의 활동은 **한동안** ★**침체**되고 말아.

 낱말 체크

★**조항** 법률이나 규칙의 각 항목.
★**자금** 어떤 목적에 쓰이는 큰돈.
★**침체** 앞으로 나아가지 못하고 제자리에 머무름.

 대한민국 임시 정부 청사

임시 정부 초기에 사용했던 관청 건물이야. 그리 크진 않지만 많은 독립운동가들의 보금자리가 되었지. 중국 상하이에 있어.

 임시 정부의 이동

대한민국 임시 정부는 처음에 중국 상하이에 세워졌어. 1930년대에는 중국을 침략한 일제의 탄압을 피해 중국 곳곳으로 여러 차례 옮겨 다녀야 했어.

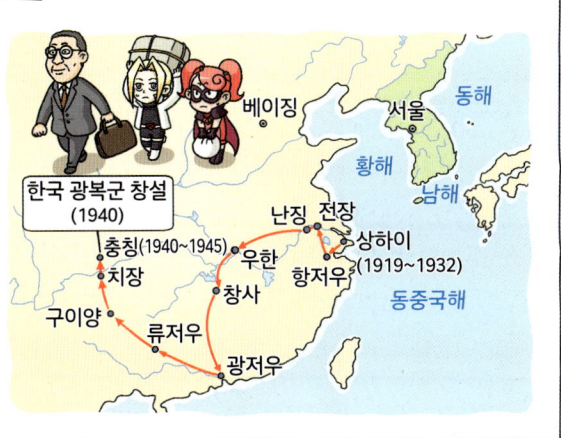

 **맞으면 O, 틀리면 X**

1 대한민국 임시 정부는 중국 베이징에 세워졌다.

2 대한민국 임시 정부는 정치 제도를 민주 공화제로 정했다.

일제 강점기 1920년대

122 일제, '문화 통치'를 내세우다

#문화 통치 #보통 경찰
#언론 통제 #친일파 양성
#역시속내는친일파만들기

3·1 운동을 겪은 뒤 일제는 강압적인 무단 통치로는 한국인을 다스리기 어렵다는 것을 깨달았어. 일제는 한국인의 저항과 독립운동을 막기 위해 통치 방식을 바꾸기로 했지. 그리고 새로운 통치 방식을 **문화 통치**라고 선전했어.

"이제부터는 조선인의 문화와 전통을 존중해 주겠다."

그런데 정말 일제는 한국인들을 존중했을까? 실제로는 그렇지 않았어. 일제는 군인뿐 아니라 *민간인도 조선 총독이 될 수 있도록 규정을 바꾸었어. 하지만 실제로는 민간인 출신 총독이 단 한 명도 임명되지 않았지.

일제는 헌병 경찰 제도를 없애고 **보통 경찰**을 두었어. 하지만 경

찰의 수와 경찰 관련 ★예산은 오히려 전보다 3배나 늘어났지. 게다가 독립운동가를 잡아들이기 위한 감시는 더욱 치밀해졌어.

일제는 한국인들이 스스로 신문을 펴낼 수 있도록 허락해 주겠다고 했어. 『조선일보』나 『동아일보』 같은 신문사들이 이때 만들어졌지. 하지만 일제는 철저히 **언론을 통제**했어. 일제를 비판하는 내용의 기사는 신문에 실릴 수도 없었지.

"아니, 총독부 맘에 안 든다고 기사를 지워서 내보내다니!"

교육과 관련해서 일제는 학교의 수를 늘리고, 교사들이 제복을 입거나 칼을 차지 않게 했어. 또 일본인과 한국인을 차별 없이 가르치겠다고 말했지. 하지만 학교의 수는 여전히 부족했고, 대부분의 한국인에게는 **기초적인 교육**만 제공되었어.

"일본과 똑같은 교육 제도를 시행한다더니…. 조선인은 여전히 상급 학교 진학이 어렵고, 조선어 수업마저 줄어들었잖아!"

한편 일제는 일부 한국인들을 총독부의 관리로 받아들이거나 대학에 보내 주어 ★**친일파**로 만드는 데 힘썼어. 친일파들은 한국인 독립운동가들을 탄압하는 데 앞장섰지. 일제는 친일파들을 길러 한국인들이 스스로 분열하도록 만들었어. 결국 일제의 통치 방식은 겉모습만 바뀌었을 뿐 그 속은 전혀 달라지지 않았던 거야.

낱말 체크

★**민간인** 군인이 아닌 일반 사람을 뜻하는 말.

★**예산** 국가나 단체에서 어떤 일에 필요한 비용을 미리 계산해 놓은 것.

★**친일파** 일제 강점기에 일제의 침략 정책을 도운 사람들을 가리키는 말.

1920년대 경찰의 증가

일제의 '문화 통치'가 시작된 1920년에는 1918년보다 경찰의 수가 오히려 3배 이상 증가했어.

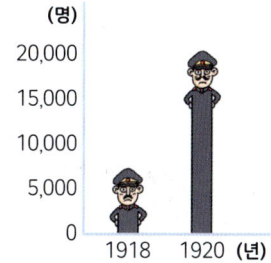

신문의 검열

일제는 한국인이 만든 신문을 미리 보고 식민 통치를 비판하거나 민족의식을 불러일으키는 기사가 있으면 삭제하도록 했어. 심한 경우에는 신문을 한동안 못 찍게 하기도 했지. 위는 친일파 이완용을 비판한 글을 실은 『동아일보』 신문이야. 기사가 여기저기 삭제된 것이 보이지?

쏙쏙 퀴즈 맞는 것 고르기

1 일제는 3·1 운동 후 (문화/무단) 통치를 실시하겠다고 했다.

2 일제는 (친일파/친한파)를 길러 한국인을 분열시키려고 했다.

일제 강점기 1920년대

123 산미 증식 계획이 시행되다

#산미 증식 계획
#많은 쌀을 일본에 가져감
#우리민족은뭐먹고살라고

제1차 세계 대전에 참여했던 일본은 전쟁에 필요한 물건을 만들기 위해 공장을 많이 지었어. 일본 농촌의 젊은이들은 도시로 나가 공장에서 일했지. 그러자 농사일을 할 사람이 없어져 일본의 쌀 생산이 크게 줄어들었어.

일제는 자신들의 쌀 부족 문제를 해결하기 위해서 1920년대부터 우리나라에서 값싼 쌀을 잔뜩 들여올 계획을 세웠어. 이것이 바로 **산미 증식 계획**이야. '산미 증식'이란 쌀의 생산량을 늘린다는 말이지.

"조선 쌀을 들여오면 우리 일본의 쌀 부족 문제는 모두 해결될 겁니다. 하하하!"

이를 위해 일제는 식민지 조선의 밭을 논으로 바꾸고 저수지를 건설해 쌀 생산을 늘리려고 했어. 결과적으로 쌀 생산량은 어느 정도 늘어났지만, 일본의 쌀 부족 문제를 해결하기에는 부족했지.

하지만 일제는 계획한 만큼의 **쌀을 일본으로 가져갔어.** 늘어난 생산량보다 더 많은 양의 쌀을 일제에 빼앗기게 된 거야. 농민들은 자기가 농사지은 쌀도 배불리 먹지 못하게 되었지. 대신 만주에서 ★잡곡을 들여왔지만, 한국인들의 배고픔을 해결하기에는 부족했어.

"어떻게 농사지은 쌀인데…! 이제 우리는 뭘 먹고 사나?"

배고픔에 허덕이는 농민들에게 일제는 쌀 생산을 늘리기 위해 필요한 **여러 비용까지 떠넘겼어.** 저수지를 만드는 비용, ★비료를 사는 비용, 땅을 일구는 비용 등을 농민들이 내야 했지. 여기에 땅 주인들이 더 많은 쌀을 일본에 팔 생각에 소작료까지 올려 쌀을 가져가자, 농민들의 생활은 더욱 어려워졌어.

결국 자기 땅을 빼앗겨 소작농이 되거나, 정든 고향에서 농사짓기를 포기하고 도시나 해외로 떠나는 농민들도 많아지게 되었어. 일제의 산미 증식 계획은 일본에만 도움이 되었을 뿐, 우리 농민의 삶은 더 괴로워졌어.

낱말 체크

★**잡곡** 쌀 이외의 모든 곡식을 이르는 말.

★**비료** 식물이 잘 자라도록 밭이나 작물에 뿌리는 영양 물질.

소작료의 증가

산미 증식 계획 이전까지 농민이 땅 주인에게 내야 할 소작료는 보통 수확한 곡식의 50 % 정도였어. 그런데 산미 증식 계획이 시작된 후 소작료가 80 %까지 올라 농민들이 부담이 무척 커졌어. 생산한 쌀의 대부분을 땅 주인에게 내야 했던 거야.

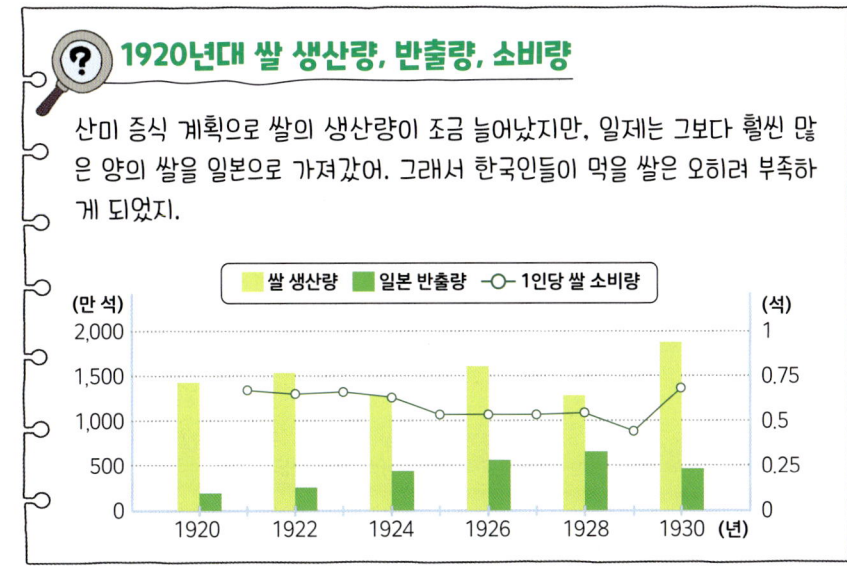

1920년대 쌀 생산량, 반출량, 소비량

산미 증식 계획으로 쌀의 생산량이 조금 늘어났지만, 일제는 그보다 훨씬 많은 양의 쌀을 일본으로 가져갔어. 그래서 한국인들이 먹을 쌀은 오히려 부족하게 되었지.

쏙쏙 퀴즈 — 맞으면 O, 틀리면 X

1 일제는 쌀 생산량을 줄이기 위해 산미 증식 계획을 시행했다.

2 산미 증식 계획으로 우리 농민들은 더 많은 쌀을 먹을 수 있었다.

일제 강점기 1920년대

124 민족의 힘을 키우자! 실력 양성 운동

#실력 양성 운동
#물산 장려 #대학 설립
#우리가만든것우리가쓰자

1920년대가 되면서 독립운동은 여러 가지 흐름으로 나뉘게 되었어. 독립을 이루겠다는 목표는 같았지만, 그 방법에 대해서는 생각이 달랐지. 그중 하나가 **실력 *양성 운동**이야. 일제에 정면으로 맞서 싸우기는 어려우니 먼저 실력을 양성해 독립을 준비하자는 입장이었지.

실력 양성 운동은 주로 산업과 교육 분야를 중심으로 일어났어. 민족의 실력을 기르자면 무엇보다 산업과 교육에 힘써야 했거든.

산업 분야에서는 **물산 장려 운동**이 벌어졌어. 물산 장려 운동은 일본 물건 대신 우리 민족이 만든 물건을 쓰자는 운동이었어. 당시에 값싼 일본 물건이 많이 들어오면서 한국인 회사들이 위기를 겪

고 있었거든. 이 운동은 1920년 평양에서 조만식이 '조선 물산 장려회'를 만들면서 시작되어 곧 전국으로 퍼져 나갔어.

"조선 사람은 조선 물건을 씁시다!"

물산 장려 운동으로 우리 민족이 만든 물건을 사겠다는 사람들이 많아졌어. 하지만 당시 한국인 회사들은 그만큼 많은 물건을 생산할 능력이 부족해서 물건의 가격이 오르기도 했지. 또 일부 사회주의자들은 이 운동이 ★자본가와 상인의 이익만을 위한 운동이라고 비난했어. 그러자 물산 장려 운동은 점차 힘을 잃고 말았어.

교육 분야에서는 우리의 손으로 우리 민족을 위한 대학을 세워야 한다는 ★**민립 대학 설립 운동**이 일어났어. 당시에는 일제의 지배 아래서 한국인을 위한 높은 수준의 교육 기관이 거의 없는 상황이었어. 대학은 물론이고 고등학교를 나온 사람도 매우 적었지. 그러자 이상재, 이승훈 같은 사람들이 한국인의 힘으로 대학을 세우자고 주장한 거야.

"한민족 1천만이 한 사람당 1원씩 모아 대학을 세웁시다! 우리가 힘을 모으면 할 수 있습니다."

초기에는 많은 돈이 모였어. 하지만 일제의 방해가 시작되고 홍수 등 자연재해가 일어나자 모금 활동은 점차 힘을 잃어 갔지.

낱말 체크

★**양성** 실력이나 역량 따위를 길러서 발전시킴.

★**자본가** 돈을 빌려주거나 노동자를 고용해서 사업을 하는 사람

★**민립** 민간이 기관이나 공공시설을 세움.

조선 물산 장려회 포스터

민족주의자들은 "남(일본)이 만든 상품을 사지 말자. 사면 우리는 점점 못 살게 된다."며 국산품을 사자는 운동을 벌였어.

아는 것이 힘! 농촌 계몽 운동

1920년대 후반부터 신문사들이 주도한 농촌 계몽 운동이 일어났어. 학생과 청년들은 농민들에게 한글을 가르치며, 미신을 없애고 절약할 것을 권했어. 오른쪽은 『동아일보』가 주도한 농촌 계몽 운동인 브나로드 운동을 알리는 포스터야.

쏙쏙 퀴즈 — 맞는 것 고르기

1 독립을 이루기 위해 민족의 실력을 기르자는 '실력 (양성/음성) 운동'이 일어났다.

2 실력 양성 운동 중 (산업/교육) 분야에서는 물산 장려 운동이 있었다.

일제 강점기 1920년대

125 학생들, 항일 운동에 나서다

#6·10 만세 운동
#광주 학생 항일 운동
#나라의희망은학생!

1920년대에는 일제의 탄압과 문화 통치로 독립운동이 힘을 잃어 가고 있었어. 이런 상황에서 독립운동의 새 바람을 일으킨 것은 바로 **학생들**이었어.

1926년 4월 고종의 아들이자 대한 제국의 마지막 황제였던 순종이 숨을 거뒀어. 학생들은 여러 독립운동가들과 힘을 합쳐 만세 운동을 계획했지. 마침내 순종의 *인산일인 6월 10일, 학생들은 거리로 쏟아져 독립 만세를 외치기 시작했어.

"원수 일본을 몰아내자. 대한 독립 만세! 와아아!"

시민들도 만세 운동에 참여하면서 3·1 운동과 같은 장면이 펼쳐졌어. 일제 경찰과 군인들은 전국적으로 1,000명이 넘는 학생들을

마구 잡아들였지. 이 사건을 **6·10 만세 운동**이라고 해. 6·10 만세 운동은 규모는 작아도 학생들이 주도한 운동이라는 점에서 의미가 컸어. 그 뒤 학생 운동은 더욱 활발해졌어.

1929년 10월 전라도 광주에서는 일본인 학생과 한국인 학생 사이에 다툼이 일어났어. 일본인 남학생 몇이 한국인 여학생을 괴롭히자, 분노한 한국인 남학생들이 일본인 남학생들을 때리면서 시작된 싸움이었지. 그런데 경찰과 관리들은 일본인 학생들 편을 들며 한국인 학생들만 처벌했어.

이에 분노한 한국인 학생들은 거리로 나와 '조선 독립 만세'를 외쳤어. 광주에서 시작된 이 학생 시위를 **광주 학생 항일 운동**이라고 불러. 일제는 임시 *휴교 명령을 내려 학교 문을 닫게 하고 학생들을 붙잡아 가두었지만 학생들의 분노를 막을 수 없었지. 그동안 일제의 식민지 교육으로 차별받았던 설움이 한 번에 터져 나왔던 거야.

"전국의 학생들이여, 우리 광주의 학생들과 함께 일어섭시다!"

시위는 곧 전국으로 확대되어 갔어. 12월에는 경성을 비롯한 각 도시에서 시위가 벌어졌고, 1930년 1월에는 농촌까지 시위가 퍼졌지. 1930년 3월까지 194개의 학교에서 5만 명이 넘는 학생들이 시위에 참여했다고 해. 이는 3·1 운동 이후 최대 규모의 민족 운동이었어.

낱말 체크

★**인산일** 조선 시대에 왕이나 왕비 등의 장례일.

★**휴교** 학교가 학생을 가르치는 일을 한동안 쉼.

학생 독립운동 기념일

'학생 독립운동 기념일'은 1929년 11월 3일에 일어난 광주 학생 항일 운동을 기념하기 위해 지정된 기념일이야. 일제에 맞섰던 학생들의 독립운동 정신을 이어받고 애국심을 기르기 위하여 매년 여러 기념 행사가 벌어지고 있어.

쏙쏙 퀴즈 · 맞으면 O, 틀리면 X

1 1926년 순종의 인산일에 6·10 만세 운동이 일어났다. ☐

2 광주 학생 항일 운동은 전라도 광주에서만 일어난 항일 운동이다. ☐

마지막 황제, 순종

순종은 대한 제국의 마지막 황제야. 황태자 시절 독이 든 커피를 마신 탓에 건강이 많이 안 좋아졌다고 해. 1910년 일제에 나라를 빼앗긴 이후로는 평생 일제의 감시를 받으면서 살아야 했어. 주로 창덕궁에 머물며 소일거리를 하며 지냈다고 해.

일제 강점기 1927년

126 독립운동 세력, 신간회로 뭉치다

#신간회
#민족주의자+사회주의자
#누구든환영_친일파빼고

1920년대에 독립운동을 주도했던 두 개의 큰 흐름은 민족주의 계열과 사회주의 계열이었어. **민족주의자**들은 지식인과 자본가들이 중심이 되어 독립을 이루고 새 나라를 만들어야 한다고 생각했어. 하지만 **사회주의자**들은 노동자와 농민이 중심이 되는 세상을 꿈꾸었지.

두 세력은 입장의 차이 때문에 서로 갈등하기도 했어. 하지만 독립을 향한 의지는 어느 쪽이든 확고했지. 차츰 두 세력의 협력을 주장하는 목소리가 커지게 되었어.

"지금은 우리끼리 서로 싸울 때가 아닙니다. 함께 힘을 합쳐 일제에 대항해야 할 때입니다!"

민족주의자들과 사회주의자들은 마침내 1927년 함께 힘을 합쳐 **신간회**라는 단체를 만들었어. 신간회는 일제와의 어떤 타협도 거부하고 우리 민족의 정치·경제적 자유를 얻어 내는 것을 목표로 삼았어. 또한 청소년, 여성, 백정 등 그동안 충분한 권리를 누리지 못했던 사람들을 위한 사회 운동도 지원하겠다고 밝혔지.

신간회는 경성에 본부를 두고 전국 각 지역과 만주, 일본 등 해외에도 ★지회를 두었어. 신간회는 순식간에 약 140개의 지회와 4만 명의 회원을 가진 **최대 규모의 항일 단체**로 성장했지.

신간회는 전국에서 다양한 활동을 벌였어. 강연회를 열어 사람들에게 새로운 지식을 알려 주고 일제의 식민 통치를 비판했지. 학생, 농민, 노동자, 여성 등을 위한 사회 운동을 지원하기도 했어. 1929년에 광주 학생 항일 운동이 일어났을 때에는 신간회가 광주에 조사단을 보내 이 운동을 널리 알리려고 했지.

"신간회가 너무 커져 버렸잖아. 이대로 놔둬선 안 되겠는걸?"

일제는 신간회를 큰 위협으로 보고 탄압하기 시작했어. 일제의 탄압이 거세지면서 신간회 안에서도 일제와 타협하려는 사람들이 생겨나기도 했지. 결국 신간회는 만들어진 지 4년 만인 1931년에 문을 닫고 말았어.

낱말 체크

★**지회** 본부의 관리를 받으면서 어떤 지역의 일을 맡아 보는 조직.

신간회의 지도부

신간회 회장에는 민족주의자인 이상재가, 부회장에는 사회주의자인 홍명희가 뽑혔어.

◀ 이상재

홍명희 ▶

신간회를 만든 사람들은?

1920년대 중반부터 민족주의 세력 내에 독립을 포기하고 일제와 타협하며 지내자는 자치 운동이 나타났어. 그러자 일제에 타협하지 않으려는 민족주의자들과 사회주의자들은 힘을 합쳐 자치 운동에 맞서 신간회를 만들었지.

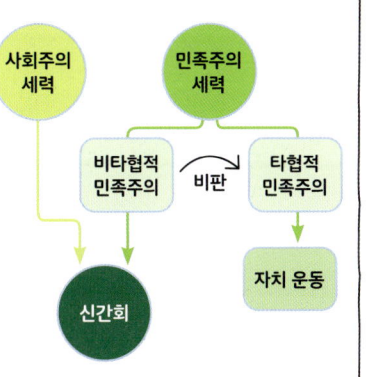

쏙쏙 퀴즈 맞는 것 고르기

1 (민족/사회)주의자들은 지식인과 자본가가 중심이 되어 새 나라를 세워야 한다고 생각했다.

2 민족주의 계열과 사회주의 계열의 독립운동가들은 힘을 합쳐 (신민회/신간회)를 만들었다.

일제 강점기 1920년

127 봉오동 전투와 청산리 대첩

#봉오동 전투 #홍범도
#청산리 대첩 #김좌진
#홍범도보면일본군오줌찔끔

중국의 간도에는 일제의 탄압을 피해 도망쳐 온 한국인이 많이 살고 있었어. 그런데 3·1 운동이 일어나자 그 열기를 타고 간도에서 독립군 부대가 만들어지기 시작했어. 1920년 즈음에는 간도 지역에 약 50여 개의 독립군 부대가 생겨났지. 독립군은 살을 에는 추위와 배고픔을 꾹 참고 열심히 군사 훈련을 받았어.

독립군 부대들은 한반도 북부로 들어가 일본군과 경찰을 공격하는 등 일제를 괴롭혔어. 그중 **홍범도**가 이끌던 대한 독립군은 매우 용맹하기로 소문난 부대였지.

1920년 홍범도의 대한 독립군이 중심이 된 독립군 연합 부대는 일부러 도망치는 척하며 일본군을 봉오동이라는 곳으로 유인했어.

거기에는 수백 명의 독립군이 숨어 일본군을 기다리고 있었지!

"지금이다! 쏴라! 한 놈도 살려 보내지 마라!"

"으악, 독립군이다!"

일본군 부대는 전투에서 큰 피해를 입고 달아나 버렸지. 이 전투가 바로 **봉오동 전투**(1920)야.

그런데 일본군도 호락호락하게 물러서지는 않았어. 전투에 패해 약이 잔뜩 오른 일본군은 약 2만 명이나 되는 병력을 간도로 보내 독립군을 ★소탕할 준비를 했지.

그러자 **김좌진**이 이끌던 북로 군정서군과 홍범도가 이끄는 연합 부대는 청산리라는 곳에 모여 일본군을 기다렸어. 일본군은 막대한 병력으로 독립군을 밀어붙였지만, 독립군은 익숙한 ★지형을 이용해 반격했지.

"일본군이 아래 계곡에 모여 있다! 모두 사격하라!"

"으악, 총알이 어디서 날아오는 거냐? 저런 소규모 독립군에게 또다시 당하다니…!"

10여 차례에 걸친 격렬한 전투 끝에 일본군은 1,200여 명의 병사를 잃고 물러갔어. 반면 독립군의 피해는 겨우 100여 명에 그쳤지. 말 그대로 엄청난 승리였어! 이 전투가 바로 **청산리 대첩**(1920)이야. 독립군이 일본군에 거둔 가장 큰 승리였지.

낱말 체크

★**소탕** 휩쓸어 죄다 없애 버림.

★**지형** 땅의 생긴 모양이나 형세.

홍범도

홍범도는 '날으는 홍범도'라고 불리며 당시의 일본군에게 공포의 대상이었어. 대한 독립군을 이끌고 국내외 무장 투쟁에서 큰 활약을 펼쳤지.

간도 참변(1920)

독립군 부대의 승리 뒤에는 큰 시련이 찾아오기도 했어. 일본군은 한국인에게 복수하기 위해 간도에 있는 한국인 마을을 공격하여 많은 사람을 죽이고 마을을 불태우는 만행을 저질렀어.

쏙쏙 퀴즈 맞는 것 고르기

1 1920년 봉오동 전투에서 (홍범도/홍명희)가 이끄는 독립군이 일본군에 승리를 거뒀다.

2 청산리 대첩은 일제 강점기에 (일본군/독립군)이 거둔 가장 큰 승리였다.

일제 강점기 1920년대

128 의열단, 일제의 심장을 겨누다

#의열단 #김원봉
#김익상 #김상옥
#의로운일을열렬히실행함

3·1 운동 이후 일부 독립운동가들은 일제에 대항할 더 강력한 단체가 필요하다고 생각했어. 그래서 황상규, **김원봉** 등은 1919년 11월에 뜻을 함께 하는 동지들을 모아 **의열단**을 만들었어. '의열'은 '옳은 일을 세찬 기세로 실행한다.'는 뜻이야. 일제를 벌하는 것은 옳은 일이며, 주저 없이 이를 실행하겠다는 의지를 담은 이름이었지.

의열단은 일제의 감시를 피하기 위해 비밀 조직으로 운영되었어. 그래서 의열단의 단원들은 자신의 신분을 숨긴 채 이곳저곳으로 옮겨 다녔지. 의열단의 목표는 일제의 통치 기관들을 폭파하고 중요한 인물들을 *암살하는 것이었어.

"나라의 독립을 위해서는 폭력적인 방법이라도 써야 한다!"

갑자기 나타나 총을 쏘고 폭탄을 던진 뒤 사라지는 의열단은 일제 관리들과 친일파들에게는 공포의 대상이었어.

"오늘 행사에 의열단이 온다는 소문입니다!"

"뭐? 당장 행사를 취소시키고 경찰도 불러!"

의열단 중 김익상과 김상옥의 활약은 정말 대단했어.

김익상은 1921년 전기 수리공으로 변장해 **조선 총독부** 건물에 들어간 뒤 폭탄을 던지고 유유히 빠져나왔지. 김익상이 다른 사건으로 잡히기 전까지 아무도 그가 이 사건의 범인인 것을 몰랐다고 해.

김상옥은 1923년 서울의 **종로 경찰서**에 폭탄을 ★투척해 일제 경찰들을 공포에 떨게 만들었어. 김상옥은 그 뒤 몸을 숨겼지만 일본 경찰에게 위치를 들키고 말았지. 수백 명의 일제 경찰이 김상옥이 머무르던 집 주위를 에워쌌어. 뛰어난 사격 실력을 지녔던 김상옥은 지붕 위에서 일본 경찰과 ★총격전을 펼쳤지. 하지만 총알이 다 떨어지자 스스로 목숨을 끊었다고 해.

이들의 활약은 의열단의 존재를 일제와 한국인들의 머릿속에 깊이 심어 주었어. 일제 관리와 친일파는 의열단이 온다는 소문만 들어도 도망가기에 급급했고, 한국인들은 의열단의 활약에 통쾌함을 느끼며 독립의 희망을 가질 수 있었어.

낱말 체크

★**암살** 몰래 사람을 죽임.

★**투척** 물건 따위를 던짐.

★**총격전** 서로 총을 쏘면서 하는 싸움.

김원봉

의열단을 이끌었던 김원봉은 의열 활동만으로는 독립이 어렵다고 판단하여 나중에는 독립군 전투 부대를 만드는 데 힘썼어. 그렇게 만들어진 부대가 조선 의용대야.

멋쟁이 의열단

의열단 단원들은 상류 사회에 들어가 고급 정보를 얻기 위해 용모에 신경을 많이 썼어. 또한 테니스, 수영 등으로 체력을 단련하고, 지식을 쌓기 위해 독서를 많이 했다고 해.

쏙쏙 퀴즈 - 맞는 것 고르기

1 의열단은 일제에 맞서 (폭력/비폭력) 적인 방법으로 독립운동을 했다.

2 (김상옥/김익상) 은 조선 총독부 건물에 폭탄을 던졌다.

일제 강점기 1932년

129 한인 애국단, 임시 정부를 되살리다

#한인 애국단 #김구
#이봉창 #윤봉길
#윤봉길👍_백만대군안부러움

대한민국 임시 정부 지도자들 사이의 갈등으로 많은 독립운동가가 임시 정부를 떠나자, 임시 정부는 한동안 제 기능을 하지 못했어. 그 뒤에 새롭게 임시 정부를 이끈 사람은 **김구**였어.

김구는 임시 정부에 닥친 위기를 극복하기 위해 1931년 뜻있는 청년들을 모아 **한인 애국단**을 만들었어. 일제의 중요한 인물들을 암살해 일제의 침략을 방해하기 위한 조직이었지. 김구는 우선 일제의 상징과도 같았던 일본 국왕의 암살을 계획했어.

"목숨을 바쳐 일을 성공시키겠습니다."

김구의 지시를 받은 한인 애국단원 **이봉창**은 도쿄로 향했어. 그리고 1932년 1월, 이봉창은 일본 국왕이 궁궐로 돌아가는 길에 폭

탄을 던졌어. 폭탄이 터졌지만 일본 국왕을 암살하는 데는 실패하고 말았지. 비록 목표는 이루지 못했지만, 이 사건은 일본 전체에 큰 충격을 주었어.

몇 달 뒤 한인 애국단은 일제가 중국 상하이를 점령한 것을 축하하기 위해서 주최한 기념행사에서 일본군의 주요 인물들을 제거할 계획을 세웠어.

막중한 임무를 맡은 단원은 **윤봉길**이라는 25살의 청년이었어. 1932년 4월 윤봉길은 행사가 열리는 상하이의 **홍커우 공원**으로 향했어. 일본 국가 연주가 거의 끝나 갈 무렵, 윤봉길은 *단상을 향해 폭탄을 힘껏 던졌어. 쾅! 하는 소리와 함께 폭탄이 터졌어. 행사에 참석했던 일본군 지휘관들이 죽거나 큰 부상을 입었지. 일본은 또 다시 충격에 빠졌어.

윤봉길의 홍커우 공원 *의거에 놀란 것은 일본뿐이 아니었어. 중국 국민당을 이끌던 장제스는 이렇게 말했다고 해.

"중국의 백만 대군도 못 한 일을 한 명의 조선 청년이 해냈다!"

이후 중국 국민당은 대한민국 임시 정부를 적극적으로 지원했어. 이봉창과 윤봉길의 용기 있는 희생으로 대한민국 임시 정부는 다시 활기를 되찾을 수 있었지.

낱말 체크

★**단상** 연설을 할 때 올라서는 연단이나 강단의 위.
★**의거** 정의를 위하여 일으킨 사회적으로 중요한 일.

당당했던 이봉창 의사

이봉창은 일본 국왕 암살에 실패한 후에도 도망가지 않고, 가슴에 품고 있던 태극기를 꺼내 흔들며 "대한 독립 만세!"를 외쳤어.

❓ 윤봉길 의사의 시계

1932년 4월 29일, 윤봉길은 상하이 홍커우 공원으로 가기 전에 김구와 시계를 바꾸며 말했어. "제 시계는 어제 6원을 주고 산 것인데, 선생님의 시계는 2원짜리이니 저와 바꾸시지요. 저는 이제 1시간밖에 더 소용이 없으니까요." 김구는 세상을 떠날 때까지 윤봉길의 시계를 소중히 간직했대. 왼쪽이 윤봉길, 오른쪽이 김구, 가운데가 윤봉길이 김구에게 준 시계야.

쏙쏙 퀴즈 맞으면 O, 틀리면 X

1 청년들을 모아 한인 애국단을 만든 사람은 윤봉길이다.

2 이봉창은 상하이 홍커우 공원에서 일본군 지휘관들을 향해 폭탄을 던졌다.

일제 강점기 1937~1945년

130 일제, 민족 말살 정책을 펼치다

#민족 말살 정책
#신사 참배 강요 #창씨개명
#너희이름은너희나라에서^^

　일제는 침략의 손길을 한반도 넘어 세계로 뻗쳤어. 일제는 먼저 1931년에 중국 만주를 침략해 만주국이라는 꼭두각시 나라를 세웠어. 1937년에는 중국 전체를 차지하려고 중일 전쟁을 일으켰지. 그 뒤 동남아시아를 침략하고 1941년 미국마저 기습해 태평양 전쟁을 일으켰어.

　침략 전쟁이 확대될수록 일제는 더 많은 군인과 노동자가 필요했어. 그래서 한국인들도 전쟁에 내보내려 했지. 하지만 한국인이 왜 일제를 위해 싸우려 하겠어? 그러자 일제는 한국인을 일본 국왕의 충성스런 신하로 만들겠다는 목표 아래 **민족 *말살 정책**을 실시하기 시작했어. 말 그대로 한국인이라는 민족의 특징을 완전히

없애 버리겠다는 무서운 계획이었지.

"일본과 조선은 같은 조상을 두었다. 일본과 조선은 하나다!"

일제는 학교나 관청에서 **한국어 사용을 금지**했어. 또 『조선일보』나 『동아일보』같은 한국어 신문을 없애 버렸지.

또한 어린 학생들에게까지도 **황국 신민 서사**라고 하는 충성 맹세문을 억지로 외우게 했어. 학생들은 매일 아침마다 일본 국왕이 있는 곳을 향해 절해야 했지. 또 전국 곳곳에 일본의 신을 모시는 ★신사를 세우고 ★참배를 강요했어.

심지어 일제는 한국인들에게 성과 이름까지도 일본식으로 바꾸는 **창씨개명**을 강요했어.

"우리 부모님이 주신 이름을 어떻게 바꾸란 말이오!"

"일본식 이름으로 바꾸지 않으면 재미없을 줄 알아!"

이름을 바꾸지 않는 사람은 식량을 받을 수도 없었고, 자녀를 학교에 보내거나 회사에 취직할 수도 없었어. 창씨개명을 하지 않는 사람들에게는 엄청난 불이익을 준 거야.

일제가 민족 말살 정책을 실시하자, 한국인들은 함부로 말을 할 수도, 서로의 이름을 부르기도 힘들어졌어. 국내에서 독립운동을 벌이는 것도 더욱 어려워졌지.

 낱말 체크

★**말살** 무엇을 강제로 아주 없애 버리는 것.

★**신사** 일본에서 조상이나 나라에 큰 공을 세운 사람을 신으로 모셔 놓고 제사를 지내는 곳.

★**참배** 신에게 예배를 드리는 것.

 윤동주

일제가 한국어 사용을 억압하던 시절에 우리말로 아름다운 시를 썼던 시인이야. 「별 헤는 밤」, 「서시」 등의 시를 남겼어. 항일 운동을 했다는 이유로 일본 감옥에 갇혔다가 29세의 젊은 나이에 세상을 떠났어.

일본어를 공부하는 어린이

1938년 일제는 일본어를 학교에서 배워야 할 필수 과목으로, 한국어는 선택 과목으로 정했어. 학생들은 학교에서 일본어만 사용해야 했지. 한국어를 쓰면 벌금을 물기도 했어. 나중에는 아예 한국어 과목을 없애 버렸지.

쏙쏙 퀴즈 맞는 것 고르기

1 일제는 한국인을 전쟁에 동원하기 위해 민족 (말살/지원) 정책을 실시했다.

2 일제는 (이름/복장)을 일본식으로 바꾸는 창씨개명을 강요했다.

147

 일제 강점기 1937~1945년

131 전시 동원 체제를 강요받다

#전시 동원 체제
#국가 총동원법 #위안부
#진심어린사과와반성필요

일제는 우리나라의 자원과 사람들을 전쟁에 강제로 *동원하기 위해 여러 법과 제도를 만들었어. 이것을 *전시 동원 체제라고 불러.
"전쟁에서 이기려면 모든 국민이 힘을 모아야 한다. 식민지 조선인도 의무를 다하도록!"

일제는 1938년에 **국가 총동원법**을 만들어 우리나라의 곡식과 지하자원을 전쟁에 동원했어. 농민들에게 쌀을 헐값에 팔도록 강요하고, 그것도 모자라 콩이나 보리 같은 잡곡들도 의무적으로 내놓도록 시켰지. 일제는 주민들에게 정해진 양의 곡식만 나누어 받도록 했어. 그런데 그 양이 턱없이 적어 쫄쫄 굶는 한국인들이 넘쳐 났어.

또 일제는 식민지 조선에서 금, 철, 구리 등 지하자원을 닥치는

대로 가져갔어. 그래도 쇠붙이가 부족하자, 일제는 집에 있는 밥그릇과 수저까지도 쇠로 된 건 모두 빼앗아 갔다고 해.

전쟁이 커질수록 일제는 더 많은 군인이 필요했어. 그래서 일제는 1938년에 '지원병 제도'를 만들어 한국인 청년들을 전쟁에 동원했어. 지원병이라고 부르긴 했지만 강제로 끌려간 것과 다름없었어. 1944년에는 ***징병제**를 실시해 젊은 청년들을 있는 대로 끌고 갔지.

"전쟁 물자가 더 필요해. 조선인에게 더 많은 일을 시키자."

일본의 공장과 탄광으로 **강제로 끌려간 노동자**도 많았어. 1939년부터 1945년까지 100만 명이 넘는 한국인 노동자가 일본으로 끌려갔지. 이들은 나쁜 환경 속에서 제대로 먹지도 못하며 고된 노동에 시달렸어. 위험한 일을 하다 죽거나 다치는 사람들도 많았어.

일제는 여성들도 전쟁에 동원했어. 심지어 10대 초중반의 어린 학생들도 공장에 끌고 가 일을 시켰지. 일제는 공부를 시켜 준다거나 좋은 일자리를 주겠다는 말로 어린 여성들을 꼬드겼어. 게다가 한국인 여성들을 끌고 가 **일본군 '위안부'**라는 이름의 성 노예로 삼기도 했어. 이들은 머나먼 전쟁터로 보내져 일본군에게 끔찍한 성폭력을 당했지.

이처럼 일제의 침략 전쟁이 벌어지는 동안 한국인의 삶은 매우 비참했어. 이런 아픈 과거를 우리는 절대 잊어서는 안 될 거야.

낱말 체크

★**동원** 어떤 중요한 일을 하기 위해 사람이나 물자 등을 한데 모으는 것.

★**전시** 한 나라가 전쟁을 하고 있는 때.

★**징병제** 국가가 국민에게 강제적으로 병역의 의무를 지우는 제도.

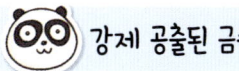

강제 공출된 금속류

일제는 전쟁에 사용할 무기를 만들기 위해, 각 집에서 쓰고 있던 놋그릇, 문고리, 경첩 등 금속품을 모두 빼앗아 갔어.

평화의 소녀상

일본군 '위안부' 피해자들은 일본군의 구타와 성폭력으로 평생 치유하기 힘든 고통 속에 살아야 했어. 일본군 '위안부' 문제에 관심을 갖는 사람들이 피해자들의 아픔을 기억하자는 뜻에서 2011년부터 우리나라와 외국의 여러 도시에 '평화의 소녀상'을 세우고 있어.

쏙쏙 퀴즈 맞으면 O, 틀리면 X

1 일제는 우리나라에서 나는 곡식과 지하자원을 강제로 전쟁에 동원했다.

2 일제는 우리나라 여성들은 전쟁에 동원하지 않았다.

132 일제 강점기의 친일파들

#친일파 #이광수
#최남선 #김활란
#역사가기억할친일파이름

우리 민족이 일제의 전시 동원 정책에 고통받던 그때, 일제의 앞잡이가 되어 한국인들을 전쟁터로 내몰았던 사람들이 있어. 이런 사람들을 **친일파** 또는 '친일 반민족 행위자'라고 해. 일제를 위해 우리 민족의 뜻과 이익에 반하는 행위를 한 사람들이라는 뜻이야.

"우리 모두 힘을 모아 대일본 제국을 위해 싸웁시다!"

일제는 한국인을 더 쉽게 다스리기 위해 적극적으로 친일파들을 길러 냈어. 주로 *문학가, 학자, 사업가 가운데서 고른 인물을 지원하며 친일파로 만들었지. 이들은 일제가 준 돈으로 외국 유학도 다녀오고 부를 누리면서 일제에 충성했어. 원래는 독립운동을 했던 사람인데 일제의 지배가 길어지자 친일파로 돌아서는 경우도 많았지.

이광수는 일제 강점기의 대표적인 친일파야. 유명한 소설가였던 이광수는 젊은 시절에는 독립운동에 열심이었어. 하지만 1937년 일제에 체포되어 *옥살이를 한 뒤 마음을 바꿔 일제에 협력하기 시작했지. 그는 이름을 '가야마 미쓰로'로 바꾸고 친일 활동에 열심히 나섰어. 전쟁에 나간 일본군들에게 위문편지를 보내는 행사를 열었고, 청년들이 일본군에 지원하도록 격려하는 글도 여러 편 썼지.

이광수뿐 아니라 최남선, 주요한, 서정주, 노천명 등 많은 문학가가 친일파가 되어 일제의 정책을 지지하는 글을 썼어.

대표적인 여성 친일파로는 대학교 교수였던 김활란이 있어. 신간회에 여성 대표로 참여했고, 미국에서 철학 박사 학위까지 받은 인물이었지. 김활란은 일제가 중일 전쟁을 일으킨 후 친일파가 되었어. 그녀는 한국 여성들이 일제의 전쟁을 도와야 한다거나 징병제를 찬양하는 내용의 글을 여러 편 잡지에 실었어.

많은 한국인은 이러한 친일파들의 행동에 크게 분노했어.

"저런 *매국노들! 빨리 독립이 되어 천벌을 받아야 하는데…!"

하지만 우리나라가 일제로부터 독립을 이룬 뒤에도 친일파에 대한 처벌은 제대로 이루어지지 못했어. 부와 권력을 쥐고 있던 친일파들이 제대로 된 조사와 처벌을 방해했거든. 게다가 6·25 전쟁이 터지면서 친일파 처벌은 흐지부지되고 말았어.

낱말 체크

★**문학가** 시, 소설 등 문학 작품을 창작하는 이름난 사람.

★**옥살이** 옥에 갇혀 지내는 생활.

★**매국노** 개인의 이익을 위해 나라의 권리를 다른 나라에 팔아먹는 사람.

최남선

최남선은 1919년 3·1 운동 때 「독립 선언서」를 작성했던 사람이야. 하지만 1930년대부터는 한국인 청년들에게 일본을 위해 전쟁에 참여하라고 선전하는 등 친일 반민족 행위에 적극적으로 나섰어.

이광수

이광수는 우리나라 최초의 근대 소설 『무정』을 쓴 소설가야. 또 『동아일보』와 『조선일보』에서 활동했던 유명한 언론인이기도 했어. 이렇게 대단한 사람이 친일파가 되었으니 그를 따르던 많은 사람이 영향을 받았겠지?

쏙쏙 퀴즈 맞는 것 고르기

1 『무정』을 쓴 소설가 (이광수/서정주)는 친일파가 되었다.

2 신간회에 여성 대표로 참여했던 김활란은 (친일파/친원파)다.

일제 강점기 1940년

133 한국 광복군이 만들어지다

#한국 광복군
#일제에 선전 포고
#우리가갈때까지기다려라!

 윤봉길의 의거 이후 **대한민국 임시 정부**에 대한 일제의 탄압이 더욱 심해졌어. 일제가 중국을 침략하자, 임시 정부는 중국 국민당 정부를 따라 *본거지를 옮겨야 했지. 마침내 1940년 중국 충칭에 새로 터를 잡은 임시 정부는 중국에서 활동하던 독립운동 단체들을 받아들여 조직을 새롭게 다졌어. **김구**를 중심으로 여러 독립운동가들이 임시 정부의 깃발 아래 뭉쳤지.

 충칭의 임시 정부는 일제와의 전쟁을 벌이기 위해 정식 군대인 **한국 광복군**을 만들었어. 만주에서 한국 독립군을 이끌었던 **지청천**을 사령관으로 삼고, 의열단과 조선 의용대를 이끌던 김원봉을 부사령관으로 임명했지.

"한국 광복군은 일제를 *타도하며 연합군으로 전쟁에 참가한다!"

1941년 일제가 태평양 전쟁을 일으키자, 한국 광복군은 일제에 정식으로 **선전 포고**를 했어. '선전 포고'란 한 나라가 다른 나라에 전쟁을 시작한다고 알리는 거야. 대한민국 임시 정부는 엄연한 하나의 정부로서 일제에 맞서 싸우겠다는 다짐을 전 세계에 알렸던 거야.

한국 광복군은 영국군, 미군 등과 함께 연합군의 일원으로 작전을 벌였어. 1943년에는 영국군의 요청으로 미얀마와 인도에 대원들을 보냈지. 여기서 광복군은 일본인 포로를 조사하거나 정보를 수집하는 등의 임무를 맡았어.

차츰차츰 일본은 전쟁에서 밀리기 시작했어. 일본의 패배가 가까워지자 한국 광복군은 미국 첩보 기관의 훈련을 받아 국내에 진격하려는 작전을 세웠어. 이 작전을 **국내 *진공 작전**이라고 불러. 광복군 대원들은 작전을 위해 구슬땀을 흘려가며 훈련했지.

"조금만 더 힘내자! 우리 손으로 일본군을 몰아낼 날이 얼마 안 남았어!"

하지만 작전이 실행되기 전인 1945년 8월 15일, 일본이 미국 등 연합국에 항복을 선언했어. **일본의 항복**은 너무나 기쁜 소식이었지. 하지만 김구는 한편으로 한국 광복군의 힘으로 독립을 이루어 내지 못한 것을 무척 아쉬워했다고 해.

낱말 체크

★**본거지** 활동의 근거로 삼는 곳.

★**타도** 어떤 대상이나 세력을 쳐서 거꾸러뜨림.

★**진공** 적을 치기 위하여 앞으로 나아감.

지청천

대한 제국의 무관 학교 출신인 지청천은 1930년대에 한국 독립군을 이끌었어. 1940년 중국 충칭에 한국 광복군이 만들어지자, 총사령관에 임명되었어.

한국 광복군의 창립 기념 사진

1940년 9월 중국 충칭에 한국 광복군 총사령부를 만든 것을 기념해 찍은 사진이야. 한국 광복군은 처음에는 30여 명의 장교만으로 시작해서 1년 만에 3백 명이 넘는 병사를 모집했어.

쏙쏙 퀴즈 — 맞으면 O, 틀리면 X

1. 대한민국 임시 정부가 만든 정식 군대의 이름은 한국 광복군이다.

2. 한국 광복군은 국내로 진격해 일본군과 전투를 벌였다.

134 여성 독립운동가들의 활약

#여성 독립운동가
#윤희순 #유관순 #남자현
#독립은정신으로이루어진다

지금까지 우리가 살펴본 독립운동가들은 거의 다 남성이었어. 그렇다면 **여성 독립운동가**는 없었을까? 천만에, 많은 여성이 활발하게 독립운동에 참여했어.

먼저 일제가 대한 제국을 침략하던 때에 의병 운동에 적극적으로 참여했던 여성이 있어. 바로 **윤희순**이야. 윤희순은 배고픈 의병들을 위해 밥을 지어 주는 한편, 「안사람 의병가」, 「병정의 노래」 등 여러 노래를 만들어 의병의 사기를 높이는 데 힘썼지.

"나라를 구하는 데에 남녀의 구별은 없다. 의병을 돕자!"

나중에는 윤희순이 직접 의병장으로서 여성 의병 부대를 만들기도 했어. 대한 제국이 망한 뒤에는 중국으로 가 독립운동에 참여했지.

3·1 운동 때 활약했던 여성 독립운동가로는 **유관순**이 유명해. 서울의 이화 학당을 다니던 유관순은 3·1 운동이 일어나자 만세 운동에 참여했어. 일제가 학교의 문을 닫아 버리자, 고향인 충청남도 천안으로 내려가서 만세 운동을 벌였지.

"대한 독립 만세!"

유관순의 부모님은 안타깝게도 시위 도중 일본 헌병의 총칼에 목숨을 잃었어. 그러나 유관순은 용감하게 만세 시위를 이끌었어. 그러다 결국 헌병들에게 붙잡히고 말았지. 유관순은 일제의 모진 *고문에도 끝까지 독립 만세를 외쳤다고 해. 하지만 결국 몸이 상해 19살의 어린 나이에 죽음을 맞이하고 말았지.

마지막은 '독립군의 어머니'로 불렸던 **남자현**이야. 남자현은 3·1 운동이 일어나자 만주로 가서 독립군에 참여했어. 남자현은 독립군을 돕는 역할에 그치지 않고 스스로 총을 들고 독립운동에 나섰어. 비록 실패했지만 조선 총독 암살을 시도하기도 했지. 얼마 뒤 중국 만주에서 또 다른 암살 사건을 준비하다가 일제 경찰에 붙잡히고 말았어. 그녀는 "독립은 정신으로 이루어진다."는 유언을 남겼다고 해.

이밖에도 여성 광복군이었던 오광심, 교육 활동을 벌였던 김마리아, 최초의 여성 비행사 권기옥 등 많은 여성 독립운동가들이 일제에 맞서 저항했어.

낱말 체크

★고문 숨기고 있는 사실을 강제로 알아내기 위해 육체적·정신적 고통을 가하는 짓.

남자현의 최후

남자현은 1933년 62세의 나이에 중국 만주에서 일본의 외교관 암살을 시도하다가 일본 경찰에 붙잡혔어. 감옥에서 일본 경찰이 주는 음식을 거부하다 몸이 쇠약해져 세상을 떠나고 말았지.

감옥에서도 만세를 외친 유관순

유관순은 감옥 안에서도 자신의 뜻을 굽히지 않았어. 3·1 운동이 일어난 지 1주년이 되는 날에는 감옥 안에서 다시 한번 만세 운동을 벌일 정도였지. 감옥 안에서 터져 나오는 우렁찬 만세 소리에 감옥 주위로 사람들이 몰려들어 통행이 마비될 정도였대.

맞는 것 고르기

1 「병정의 노래」 등을 만든 여성 의병장은 (윤희순/오광심)이다.

2 (유관순/남자현)은 충청남도 천안에서 3·1 운동을 이끌었다.

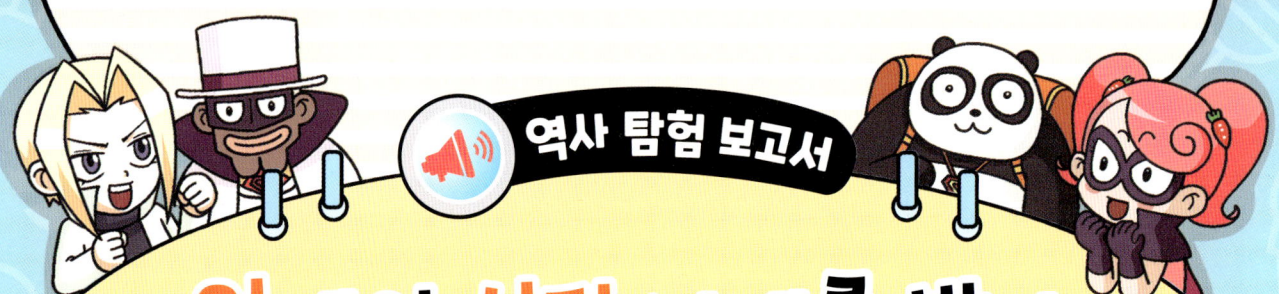

역사 탐험 보고서

일제의 식민 지배를 받다

 일제의 무단 통치와 3·1 운동

1910년 **일제**는 우리나라를 강제로 **식민지**로 만들었어. 폭력적인 **무단 통치**로 우리 민족을 억압하고, **토지 조사 사업**을 벌여 많은 땅을 빼앗아 갔어. 마침내 우리 민족은 전국적인 **3·1 운동**을 통해 독립 의지를 전 세계에 알렸어. 그 후 중국 상하이에는 **대한민국 임시 정부**가 세워져 독립운동을 이끌었어.

국내의 항일 민족 운동

3·1 운동 후 일제는 겉으로 '**문화 통치**'를 내세웠지만, 한국인에 대한 감시와 통제를 강화했어. 또 **산미 증식 계획**을 실시해 많은 양의 쌀을 일본으로 가져갔지. 이에 맞선 항일 독립 운동도 다양해졌어. 우선 민족의 실력을 기르자는 **실력 양성 운동**이 있었지. **학생들의 항일 운동**도 있었어. 여러 독립운동 세력은 **신간회**로 뭉치기도 했어.

국외의 항일 무장 투쟁

홍범도의 독립군 부대는 **봉오동 전투**를, 홍범도와 김좌진의 연합 부대는 **청산리 대첩**을 승리로 이끌었어. **의열단**은 은밀하게 일제의 통치 기관을 폭파하고 주요 인물을 제거했어. 대한민국 임시 정부의 김구는 **한인 애국단**을 만들었고, 애국단원 **이봉창**과 **윤봉길**은 일본 국왕과 일본군 지휘관들을 향해 폭탄 의거를 일으켜 세계를 놀라게 했어.

일제의 민족 말살 정책

침략 전쟁을 확대해 간 일제는 **민족 말살 정책**을 펼쳐 한국인을 일본인처럼 만들려고 했어. 또 **전시 동원 체제**를 만들어 우리나라의 자원과 사람을 강제로 전쟁에 동원했어. 일제에 협력했던 **친일파**들은 일제에 충성할 것을 요구하며 한국인을 전쟁터로 내몰았지. 대한민국 임시정부는 **한국 광복군**을 만들어 일제와의 전쟁을 선포했어.

독립 선언서를 전달하라!

일제 경찰을 피해 독립 선언서를 독립운동가에게 전달해야 해!
건물에 표시된 번호에 해당하는 아래 문장을 읽고, 그 내용이 맞으면 파란 길,
틀리면 빨간 길을 따라 가. 맞는 길을 따라 가면 진짜 독립운동가를 만나게 될 거야.

1. 토지 조사 사업으로 우리 농민은 더 많은 땅을 갖게 되었어.
2. 3·1 운동은 경성(서울)에서 시작되어 전국으로 퍼져 나갔어.
3. 대한민국 임시 정부의 최고 통치자는 황제였어.
4. 독립군은 청산리 대첩에서 일본군에 크게 승리했어.
5. 일제는 민족 말살 정책을 펴서 한국어 사용을 금지했어.

제대로 건넜단 말이지? 자, 약속한 간식이다!

정답 200쪽

도!전 한국사능력검정시험

좀 더 어려운 과제에 도전해 볼까?

01 다음 상황이 일어난 시기를 연표에서 옳게 고른 것은?

이곳은 충격적인 사건이 발생한 제암리이다. 이곳에서 일본군은 교회에 마을 사람들을 가두고 총을 쏜 뒤 불을 질렀다.

```
1875    1897    1910    1932    1945
  (가)    (나)    (다)    (라)
윤요호  대한 제국  국권   윤봉길   8.15
 사건    수립    피탈    의거    광복
```

① (가) ② (나) ③ (다) ④ (라)

52회 기출 · 120쪽지

---

02 (가)의 활동으로 옳지 않은 것은?

이것은 1919년 (가) 의 직원들이 청사 앞에서 찍은 사진입니다. (가) 은/는 3·1 운동 후 중국 상하이에 세워져 우리나라의 독립운동을 이끌었습니다.

① 대한민국 임시 헌법을 발표했다.
② 민주 공화제를 채택했다.
③ 외국과의 외교 활동을 벌였다.
④ 헌병 경찰 제도를 실시했다.

49회 기출 변형 · 121쪽지

03 밑줄 그은 '이 정책'으로 옳은 것은?

① 태형 제도
② 농지 개혁법
③ 산미 증식 계획
④ 토지 조사 사업

일제 강점기 일본으로 가져갈 쌀을 쌓아 놓은 군산항의 모습이야. 일제는 일본의 쌀 부족 문제를 해결하기 위해 1920년부터 조선에 이 정책을 실시해서 수많은 양의 쌀을 수탈해 갔어.

04 (가)에 들어갈 단체로 옳은 것은?

1931년 김구는 (가) 을/를 조직하였습니다.

단원 이봉창은 일본 국왕 암살을 시도했습니다.

단원 윤봉길은 폭탄을 던져 일본군 지휘관들을 제거했습니다.

① 한국 광복군
② 조선 의용대
③ 한인 애국단
④ 의열단

05 다음 상황이 나타난 시기에 볼 수 있는 모습으로 옳은 것은?

① 대동법 시행에 반대하는 지주
② 신사 참배를 강요당하는 청년
③ 노비가 되어 일하게 된 여성
④ 단발령 시행에 반대하는 노인

황국 신민 서사를 외우지 못하는 국민학교 학생은 제국 신민이 될 자격이 없어!

4 현대

1945년
8·15 광복과 남북의 분단

1950년
6·25 전쟁이 일어나다

1961년
5·16 군사 정변이 일어나다

자랑스런 대한민국

우리나라는 일제의 지배에서 벗어나 광복을 맞이했어. 하지만 곧 남북으로 분단되어 6·25 전쟁이라는 비극을 겪었지. 우리 국민은 4·19 혁명과 5·18 민주화 운동 등을 거치며 민주주의를 발전시켰어. 경제 개발에 힘쓰고 경제 위기를 극복하며 눈부신 경제 성장도 이룩했지. 우리나라의 대중문화가 세계 곳곳에서 인기를 끄는 한류 열풍도 나타났어.

1987년
6월 민주 항쟁이 일어나다

1997년
외환 위기가 일어나다

2000년
남북 정상이 처음으로 만나다

현대 1945년

135 8·15 광복과 남북의 분단

#광복 #남북 분단
#모스크바 3국 외상 회의
#광복되자마자분단이라니...

일제는 태평양 전쟁을 일으켜 미국과 싸웠지만 전쟁에서 점점 불리해졌어. 미국은 엄청난 위력의 원자 폭탄까지 일본에 떨어뜨렸지. 마침내 1945년 8월 15일, 일본은 완전한 항복을 선언했어. 일제의 식민지가 된 지 35년 만에 *광복을 맞이하게 된 사람들은 거리로 뛰쳐나와 환호성을 질렀어.

"정말 독립이 되었는가? 이게 꿈이야 생시야!"

하지만 기쁨도 잠시였어. 우리나라에 남아 있는 일본군의 무장을 해제하겠다는 이유로 한반도의 남쪽에는 미국 군대가, 북쪽에는 소련 군대가 들어왔거든. 미국과 소련은 자기들 마음대로 *북위 38도선을 기준 삼아 한반도를 나누어 관리하기로 했어. 우리나라가 광

복을 맞이하자마자 **38선으로** *분단*되어 버린 거야.

하지만 미국과 소련도 독립을 바라는 한국인의 마음을 모른 체 할 수는 없었어. 그래서 1945년 12월 소련 모스크바에 미국, 소련, 영국 세 나라의 외무 장관이 모여 우리나라의 독립 문제를 논의했지. 이 회의를 **모스크바 3국 외상 회의**라고 불러.

결국 오랜 회의 끝에 한반도에 임시 정부를 세우되, 최대 5년 동안 **신탁 통치**를 실시하는 것으로 결정되었어. 신탁 통치란 한 나라가 정식 정부를 세우기 전까지 다른 나라들이 대신 다스리는 것을 말해.

그런데 이 소식이 우리나라에 전해지는 과정에서 미국은 한국의 즉시 독립을 주장했는데, 소련이 신탁 통치를 주장했다는 식으로 내용이 잘못 전달되어 버렸어.

"신탁 통치라니! 다시 식민지 상태로 돌아가라는 것 아니야?"

신탁 통치 등 모스크바 3국 외상 회의 결정을 두고 한국인의 입장은 둘로 갈라졌어. 김구와 이승만 등 **우익**은 신탁 통치를 반대하는 운동을 펼쳤어. 반면 박헌영 등 **좌익**은 모스크바 3국 외상 회의의 결정에 찬성하는 입장이었지. 우익과 좌익은 서로 으르렁거렸어. 두 세력 사이의 갈등은 날이 갈수록 깊어졌지.

낱말 체크

★**광복** 빼앗긴 주권을 도로 찾는 것.

★**북위** 지구 적도에서부터 북극에 이르기까지의 위도.

★**분단** 한 나라나 민족이 둘 이상으로 나뉘어 갈라지는 것.

좌익과 우익

광복 후에는 좌익과 우익이 격렬히 대립했어. 좌익은 경제적·사회적 평등을 중시하는 입장이고, 우익은 사회 안정과 정치·경제적 자유를 강조하는 입장이야.

우익의 신탁통치 반대 운동

『동아일보』는 모스크바 3상 회의에서 미국은 한국의 독립을 지지했지만, 소련이 신탁 통치를 주장했다고 보도했어. 보도 내용은 사실이 아니었지만, 김구와 이승만 등 우익들은 신탁 통치 반대 운동을 벌이며 소련 및 좌익과 대립했어. 광복 직후만 하더라도 국내에서는 좌익을 지지하는 대중이 훨씬 많았는데, 신탁 통치 반대 운동이 벌어지면서 우익은 많은 대중의 지지를 확보하고 세력을 크게 키울 수 있었어.

쏙쏙 퀴즈 — 맞으면 O, 틀리면 X

1 8·15 광복 후 우리나라는 곧바로 통일 정부를 세울 수 있었다. ☐

2 좌익과 우익은 모스크바 3국 외상 회의의 결정을 두고 서로 대립했다. ☐

현대 1946~1948년

136 분단만은 막으려 한 좌우 합작 운동

#남한만의 단독 정부 주장
#좌우 합작 운동 #남북 협상
#통일의기회를놓쳐아쉬움ㅜ

모스크바 3국 외상 회의의 결정에 따라 미국과 소련은 1946년 **미소 공동 위원회**를 열어 한반도에 임시 정부를 세우는 문제를 논의했어. 하지만 두 나라 모두 자기 나라에 더 이익이 되는 정부를 세우길 원했기 때문에 의견을 모으기가 쉽지 않았지. 그러자 **이승만**을 비롯한 일부 우익 세력은 남한만의 **단독 정부**를 세우자고 주장했어.

"통일 정부를 세우기 어렵다면 남한만이라도 정부를 세웁시다!"

하지만 그렇게 되면 통일 정부를 세우는 일은 더 어려워질 것이 불 보듯 뻔했지. 그러자 **김규식**을 비롯한 일부 우익과 **여운형**을 비롯한 일부 좌익이 나섰어.

"우리가 비록 생각은 다르지만 남과 북이 영영 분단되는 일만은 막아야 하지 않겠습니까?"

이들은 힘을 합쳐 **좌우 *합작 운동**을 벌였어. 이들은 정치적 입장은 서로 달랐지만, 좌우가 힘을 합쳐 통일된 정부를 세우는 것이 우선이라고 생각했지. 하지만 이들의 노력은 나머지 좌익과 우익에게서 지지를 받지 못했어. 그러다가 안타깝게도 여운형이 암살당하는 사건이 벌어졌어. 결국 좌우 합작 운동은 실패로 끝나고 말았지.

미국은 소련과의 합의가 어려워지자 한국 문제를 ***국제 연합(UN)** 에 넘겼어. 국제 연합은 한국에서 총선거를 실시해 통일 정부를 세우기로 결정했지. 하지만 소련은 여기에 반대했어. 결국 국제 연합은 미국이 관리하는 남한에서만 선거를 실시하기로 결정했어.

이러다가는 한반도가 둘로 쪼개질 것만 같았어. 그러자 남측에서 **김구**와 김규식이 나섰어. 이들은 북한 평양으로 가서 1948년 4월에 북측에서 지지를 받고 있던 **김일성**을 만나 **남북 협상**을 벌였어. 긴 협상 끝에 이들은 남북에서 함께 외국 군대를 철수하고 통일 선거를 하자는 *성명서를 발표했어.

하지만 분단의 그림자는 이미 짙게 드리워져 있었어. 미국과 소련 모두 이 합의를 무시했지. 북한도 뒤로는 단독 정부를 세울 준비를 하고 있었고 말이야. 한반도의 분단은 피할 수 없게 되었어.

낱말 체크

★**합작** 여럿이 힘을 합하여 하는 것.

★**국제 연합(UN)** 세계의 평화를 유지하고 전쟁을 막기 위해 만들어진 국제 기구.

★**성명서** 사회적으로 중요한 일에 대한 입장이나 생각을 널리 발표하는 글.

38선을 넘는 김구

김구가 남북 협상을 벌이기 위해 38선을 넘어 북한 평양으로 향하는 모습이야.

여운형과 김규식

여운형은 광복 직후 건국 준비 위원회를 조직했던 정치가로, 시원시원한 성격과 마음을 움직이는 뛰어난 연설로 이름이 높았어. 김규식은 대한민국 임시 정부 부주석을 지냈던 인물로, 무려 9개 국어에 능숙했던 언어의 천재였대.

여운형

김규식

쏙쏙 퀴즈 맞는 것 고르기

1 (이승만/여운형)은 남한만의 단독 정부를 세우자고 했다.

2 (상하/좌우) 합작 운동은 통일된 정부를 세우기 위한 것이었다.

현대 1948년

137 제주 4·3 사건이 일어나다

#제주 4·3 사건
#무고한 주민 희생
#폭력이폭력을낳는비극

제주도는 광복 이후 큰 혼란을 겪었어. 당시 제주도는 식량이 부족한 데다 경제 사정이 몹시 나빴거든. 게다가 일제에 협력했던 친일 경찰들이 여전히 활개를 치고 다녀서, 주민들은 경찰을 좋아하지 않았어. 1947년 3월에는 거리 시위를 벌이던 제주도 주민들이 경찰이 쏜 총에 맞아 죽는 사건도 있었어. 주민들의 분노는 하늘을 찔렀지.

그러던 중 남한만 단독 선거를 실시한다는 소식이 제주도에 전해졌어. 여기에 반대한 좌익 세력은 1948년 4월 3일 *무장봉기를 일으켰지. 무력으로 제주도를 장악해 단독 선거를 막으려고 한 거야. 그런데 정부가 무장봉기를 진압하는 과정에서 수많은 제주도 사람

들이 희생되었어. 이 사건을 **제주 4·3 사건**이라고 해.

"단독 선거를 막아야 해. 경찰을 공격하자!"

제주도의 좌익 *무장대는 경찰서와 우익 세력의 집을 습격했어. 오랫동안 쌓여 왔던 좌익과 우익의 갈등은 제주도에서 폭발했어. 그러다 보니 경찰과 우익 청년들이 죄 없는 주민들까지 좌익으로 몰아 공격하는 일도 생겼어. 반대로 좌익 무장대가 죄 없는 주민들을 우익으로 몰아 공격하기도 했지.

그러던 중 결국 남한만의 단독 선거가 진행되어 대한민국 정부가 세워졌어. 대한민국의 첫 번째 대통령이 된 이승만은 제주도의 좌익을 완전히 진압하기로 마음먹고 군대를 보냈어. 하지만 **무리한 진압** 작전 때문에 더 많은 희생자가 생겨났어.

"너희도 좌익들과 한통속이지? 바른대로 말해!"

"아니에요! 산에서 내려온 무장대가 밥을 달라고 해서 밥을 지어 준 것밖에 없어요. 우린 좌익이 아니라고요!"

군인들은 좌익 세력의 가족이나 마을 사람들을 데려다가 재판도 없이 처형하기도 했어. 반대로 좌익 무장대의 습격으로 목숨을 잃은 마을 주민들도 있었지. 그렇게 희생된 제주도 주민들이 무려 3만 명이 넘는다고 해. 너무나 안타까운 우리 역사의 *비극이었어.

낱말 체크

★**무장봉기** 정권에 대항하여 많은 사람이 무기를 들고 한꺼번에 일어나는 것.

★**무장대** 전투에 필요한 장비를 갖춘 집단.

★**비극** 슬프거나 비참한 일을 당하여 불행한 경우.

광복 후에도 친일 경찰이?

일제 강점기 때 독립운동가 체포에 앞장섰던 많은 친일 경찰들은 광복 후에도 그대로 경찰로 남아 있었어. 일제가 항복한 후 남한에 들어온 미군이 경찰 경험이 있는 사람들을 위주로 경찰을 뽑았기 때문이야. 그러니 일반 주민들은 이들 친일 경찰에 반감을 갖는 경우가 많았어.

제주 4·3 행방불명 희생자 위령비

빼곡히 세워진 이 비석들은 제주 4·3 사건 당시 군인과 경찰에 체포되었다가 돌아오지 못한 사람들의 넋을 위로하기 위해 세운 거야. 비석에는 희생자의 이름이 새겨져 있지. 제주도의 4·3 평화 공원에 있어.

쏙쏙 퀴즈 — 맞으면 O, 틀리면 X

1 제주 4·3 사건은 정부가 제주도의 무장봉기를 진압하는 과정에서 일어났다.

2 제주 4·3 사건으로 희생당한 제주도 주민의 수는 1만 명이 안 된다.

현대 1948년

138 대한민국 정부가 수립되다

#5·10 총선거 #제헌 헌법
#대한민국 정부 수립
#대한민국의주인은국민

1948년 5월 10일, 국제 연합의 결정에 따라 남한에서 국회 의원을 뽑는 선거가 열렸어. 이것이 **5·10 총선거**야. 당시에 이 선거에 대한 사람들의 관심이 매우 높아서 *유권자 중 95%가 넘는 사람들이 투표에 참여했어. 거의 모든 사람이 투표한 셈이니, 참 대단하지?

"드디어 우리의 힘으로 국민의 대표를 뽑을 수 있게 되었군!"

5·10 총선거에서 뽑힌 국회 의원들은 국가 운영의 기본 원칙인 헌법을 만드는 일에 몰두했어. 이때의 국회를 '헌법을 만든 국회'라고 해서 **제헌 국회**라고 불러. 제헌 국회는 나라의 이름을 '대한민국'으로 정했어. 그리고 1948년 7월 17일에는 대한민국 최초의 헌법

인 **제헌 헌법**을 발표했지.

"대한민국의 주권은 국민에게 있고, 모든 권력은 국민으로부터 나온다."

제헌 헌법에서는 이처럼 대한민국의 주인이 국민이라는 점을 분명히 밝혔어. 또 농민에게 땅을 나누어 주고, 나라에서 중요한 산업을 관리해 경제를 균형 있게 발전시킨다는 내용도 포함했지.

제헌 국회의 국회 의원들은 대한민국의 첫 번째 대통령으로 이승만을 뽑았어. *부통령에는 이시영이 뽑혔어. **이승만 대통령**은 정부를 구성하고 1948년 8월 15일 마침내 **대한민국 정부 *수립**을 발표했지. 대한민국 임시 정부의 전통을 이은 독립 정부가 탄생한 거야.

남한에서 대한민국 정부가 수립되자, 북한에서도 1948년 9월에 **조선 민주주의 인민 공화국 수립**을 공식적으로 선포했어. 사실 북한은 겉으로 내색은 안 했지만 이미 그 전부터 자신들의 정부를 준비하고 있었거든.

어쨌든 이렇게 남과 북에 서로 다른 정부가 들어서게 되면서, 남과 북의 분단은 피할 수 없게 되었어. 한반도의 통일 정부를 기대하는 국민의 바람은 컸지만, 남과 북은 그 방법을 찾지 못했지. 그러면서 남과 북 사이의 갈등은 점점 더 커져만 갔어.

낱말 체크

★**유권자** 선거할 권리를 가진 사람.

★**부통령** 일부 대통령 중심제 국가에서 대통령에 다음가는 직위.

★**수립** 국가나 정부, 제도, 계획 따위를 이룩하여 세움.

첫 번째 대통령 이승만

이승만은 제헌 국회에서 강력한 경쟁자 없이 대통령의 자리에 오를 수 있었어. 이승만의 라이벌 김구나 김규식은 남한만의 단독 선거에 반대해서 5·10 총선거에 참여하지 않았거든.

5·10 총선거 투표 모습

1948년 5·10 총선거 때 투표를 하는 사람들의 모습이야. 5·10 총선거는 만 21세 이상의 성인이라면 누구나 투표할 권리를 가졌던 우리 역사 최초의 보통 선거였어.

맞는 것 고르기

1 1948년에 만들어진 대한민국 최초의 헌법을 '(제헌/광복) 헌법'이라고 한다.

2 대한민국의 첫 번째 대통령은 (이시영/이승만)(이)다.

현대 1950년

139 민족 최대의 비극 6·25 전쟁

#6·25 전쟁 #북한 남침
#UN군 #인천 상륙 작전
#다시는일어나선안될전쟁ㅜ

남한과 북한 정부는 모두 자신이 한반도의 유일한 정부라면서 틈만 나면 서로 으르렁댔어. 북한의 **김일성**은 무력으로 한반도를 통일하기로 결심하고 *은밀히 차근차근 전쟁을 준비했지.

1950년 6월 25일 새벽, 마침내 북한군이 38선을 넘어 남한에 쳐들어왔어. 우리 민족의 비극인 **6·25 전쟁**이 시작된 거야! 남한은 전쟁에 전혀 대비하지 않고 있다가 큰 혼란에 빠졌어. 그런데도 라디오에서는 이러한 방송이 흘러나왔어.

"여러분, 안심하십시오. 국군이 침략자를 몰아내고 있습니다."

하지만 이것은 그저 사람들을 안심시키려는 거짓말이었지. 북한군은 그 수가 더 많았을 뿐 아니라 소련에게서 지원받은 탱크 등 강

력한 무기를 앞세우고 있었거든. 이승만 대통령은 황급히 부산으로 피신했고, 국군의 방어선도 한반도 남부의 낙동강까지 밀려났지.

그러자 **국제 연합(UN)**은 **국제 연합군**을 보내 남한을 돕기로 결정했어. 1950년 9월 15일, 국군과 국제 연합군은 **인천 상륙 작전**을 펼쳐 반격을 시작했어. 곧이어 서울을 되찾고 북쪽으로 진격했지. 그러자 이번엔 **중국**이 북한을 도와 전쟁에 참여했어. 중국군은 엄청난 수의 군대를 앞세워 국군과 국제 연합군을 밀어붙였지. 이후로는 38선 근처에서 밀고 밀리는 전투가 계속되었어.

전쟁이 길어지자 *정전 협상이 시작되었어. 하지만 협상에만도 무려 2년이 걸렸지. 그러는 사이에 많은 병사들이 죽었어. 병사뿐 아니라 일반 주민의 피해도 컸지. 국군과 북한군이 한 지역을 점령할 때마다 상대방을 도와준 지역 주민들을 찾아내어 처벌했거든. 그 과정에서 죄 없는 주민들이 죽임을 당하는 경우도 많았어.

"적에게 협조한 자들이다. 모조리 끌고 가!"

1953년 7월 27일, 마침내 **정전 협정**이 맺어졌지. 3년에 걸친 전쟁으로 남과 북에서 수백만에 이르는 사람들이 목숨을 잃었어. 또 수많은 전쟁고아와 *이산가족이 생겨났지. 6·25 전쟁은 우리 민족에게 씻을 수 없는 상처를 주었어.

낱말 체크

★**은밀하다** 겉으로 드러나지 않아 비밀스럽다.

★**정전** 전투를 벌이던 양쪽이 합의하여 일시적으로 전투를 중단하는 것.

★**이산가족** 이리저리 흩어져서 서로 소식을 모르는 가족.

전쟁으로 폐허가 된 서울

남북한이 서로 밀고 밀리며 계속되는 전쟁 통에 서울은 많은 건물이 부서지고 불타는 등 큰 피해를 입었어.

인천 상륙 작전 중인 해병대원들

인천 상륙 작전은 북한에 유리했던 전쟁 상황을 일순간에 뒤바꿔 놓았어. 한반도의 허리 부분을 공략한 이 작전의 성공으로 한반도 남부 낙동강까지 진출했던 북한군은 허둥지둥 북으로 퇴각해야 했지.

쏙쏙 퀴즈 — 맞으면 O, 틀리면 X

1. 1950년에 북한은 남한을 침입해 6·25 전쟁을 일으켰다.

2. 국군과 국제 연합군은 '부산 상륙 작전'을 펼쳐 반격을 시작했다.

현대 1960년

140 시민이 승리하다! 4·19 혁명

#3·15 부정 선거
#4·19 혁명
#우리나라최초로성공한혁명

6·25 전쟁 중에 남한에서는 **이승만 정부**와 **자유당**의 *독재 정치가 시작되었어. 헌법에 따라 대통령은 원래 2회까지만 할 수 있었어. 그런데 이승만은 자신이 제한 없이 대통령을 할 수 있도록 헌법을 두 번이나 고쳐 버렸지. 게다가 전쟁으로 온 나라 경제가 어려웠음에도, 정부와 가까운 사람들은 많은 이득을 챙겼어. 그에 따라 국민들의 불만도 커져 갔지.

이승만 정부와 자유당은 국민의 불만을 제대로 해결하지 않고 *부정 선거로 권력을 유지하는 데에만 관심이 있었어. 1960년 3월 15일 치러진 대통령 및 부통령 선거는 상상을 뛰어넘는 부정 선거였지. 이승만과 자유당은 선거에 참여하는 사람들에게 돈이나 물건

을 주고 자신들에게 유리하게 투표하도록 했어. 불리한 결과가 나온 투표함을 미리 준비한 투표함과 바꿔치기하기도 했지.

그 결과 대통령에 이승만, 부통령에 이기붕이 많은 표를 얻어 당선되었어. 하지만 부정 선거 소식이 알려지자, 경상남도 마산을 비롯해 곳곳에서 부정 선거에 항의하는 시위가 일어났어.

"이번 선거는 부정 선거다! 선거를 다시 하라!"

그러자 이승만 정부는 경찰을 시켜 시위를 폭력적으로 진압했어. 그런데 얼마 뒤 마산 앞바다에서 고등학생 **김주열**의 시체가 떠오른 거야! 김주열은 시위에 참여했다가 경찰이 쏜 최루탄에 맞아 목숨을 잃은 것이었지. 김주열의 죽음에 많은 시민과 학생이 분노했어.

"시위에 나온 학생을 이렇게 죽이다니…. 주열이를 살려 내라!"

드디어 4월 19일에는 서울을 비롯한 여러 도시에서 학생들과 시민들이 부정 선거를 비판하는 시위를 벌였어. 대학생, 고등학생, 도시 노동자는 물론이고 심지어 초등학생들마저 거리로 나왔다고 해. 놀란 경찰들이 시민들에게 총을 쏴 댔지만 분노한 시민들의 열기를 막을 수 없었어. 결국 이승만은 대통령 자리에서 물러날 수밖에 없었어. 이 사건을 **4·19 혁명**이라고 불러.

4·19 혁명은 우리 국민이 독재 정부에 맞서 민주주의를 지켜 낸 역사적 사건이야.

낱말 체크

★**독재** 개인이나 소수 권력이 모든 정치 권력을 마음대로 행사하는 것.

★**부정 선거** 정당하지 못한 수단과 방법으로 행해진 선거.

★**혁명** 낡은 제도와 권력을 뒤엎고 새로운 제도와 권력 조직을 세우는 일.

김주열

김주열은 3·15 부정 선거에 반대하는 시위에 나섰다가 실종되었는데, 실종 27일 만에 마산 앞바다에서 발견되었어. 김주열의 죽음은 4·19 혁명을 폭발시키는 계기가 되었어.

초등학생들의 시위

4·19 혁명 당시 시위에 나선 초등학생들의 모습이야. 이들은 "부모 형제들에게 총부리를 대지 말라.", "우리는 민주 정의를 위해 싸운다."와 같은 구호를 내걸고 시위에 참여했어.

맞는 것 고르기

1 이승만 정부와 자유당은 (부정/공정) 선거를 해서 권력을 지키려고 했다.

2 부정 선거에 분노한 시민들은 (3·15/4·19) 혁명을 일으켰다.

현대 1961년

141 5·16 군사 정변을 일으키다

#장면 정부 #군사 정변
#일본과 외교 #베트남 파병
#군인박정희→정치인박정희

4·19 혁명 뒤 **장면 정부**가 들어섰어. 때맞춰 국민들은 다양한 요구를 쏟아 내기 시작했어. *부정부패를 없애라거나 북한과의 평화 통일을 하라는 등 여러 요구가 넘쳐 났지. 하지만 장면 정부는 국민의 바람에 미치지 못했어. 정부의 정책들은 별 성과를 거두지 못했지.

그러자 **박정희**를 중심으로 한 일부 군인들이 반란을 일으켜 정권을 장악했어.

"무능한 장면 정부는 끝났어! 이제 우리 군인들이 나서겠다!"

4·19 혁명이 일어난 지 거의 1년만인 1961년 5월 16일의 일이었지. 이것이 **5·16 군사 정변**이야. 권력을 차지한 군인들은 군사 정부를 세웠어. 또한 중앙정보부라는 *정보기관을 만들어 국민과 정

치인들을 감시했지.

1963년 박정희는 군사 정부를 끝내는 대신 스스로 대통령 선거에 나와 대통령이 되었어. 그리고 북한의 공산주의에 맞서 우리나라의 경제 성장을 이루겠다고 선언했지.

"경제 건설에 나서 우리나라를 근대화하겠습니다!"

박정희 정부는 일본과 외교 관계를 다시 맺고 일본으로부터 경제 개발에 필요한 자금을 얻으려고 했지. 하지만 일제 식민 지배를 경험했던 많은 국민은 일본과 다시 손잡으려는 것에 크게 분노했어.

"식민 지배를 사죄하지도 않은 일본과 협력하자니, 말도 안 돼!"

일본과의 외교에 반대하는 시위가 전국적으로 일어났어. 하지만 박정희 정부는 시위를 강력하게 진압하고 일본과 외교 관계를 맺었어. 그리고 일본으로부터 경제 개발에 필요한 자금을 들여왔지.

박정희 정부는 미국의 요청으로 베트남 전쟁에 군대를 보내기도 했어. 1964년부터 1973년까지 약 30만 명이 넘는 군인들이 베트남에 보내졌지. 그 대가로 우리나라는 미국으로부터 경제 발전에 필요한 기술과 돈을 지원받을 수 있었어. 하지만 군인으로 전쟁에 참여한 많은 청년들이 목숨을 잃거나 부상을 당했어. 또 우리 군인들이 베트남 민간인들을 희생시키는 잘못을 저지르는 경우도 있었지.

낱말 체크

★**부정부패** 사회가 윤리적으로 바르지 못하고 타락하는 것.

★**정보기관** 나라에서 정보의 수집이나 분석, 통제 같은 활동을 맡아보는 기관.

한일 기본 조약

1965년 한일 기본 조약에 서명하는 박정희 대통령의 모습이야. 이 조약의 체결로 한국과 일본의 외교 관계가 정상화되고, 일본과 경제 협력이 이루어졌어. 하지만 식민 지배에 대한 일본의 충분한 사죄와 피해 보상이 없었다고 비판받기도 해.

5·16 군사 정변의 주도 세력

5·16 군사 정변을 일으킨 육군 소장 박정희(사진 가운데)와 군인들의 모습이야. 이들은 군사 정변을 '혁명'이라 칭하면서 정치·사회 전반에 걸쳐 강력한 통제와 변화를 시도했어.

쏙쏙 퀴즈 — 맞으면 O, 틀리면 X

1. 장면을 비롯한 정치인들은 5·16 군사 정변을 일으켰다. ☐

2. 박정희 정부는 일본과 다시 외교 관계를 맺었다. ☐

현대 1960~70년대

142 경제 개발 정책과 경제 성장

#수출 100억 달러 달성
#전태일 열사 분신
#경제는성장했지만인권은?

1950년대 우리나라는 매우 가난했어. 식량을 구하지 못해 굶주리는 국민들도 많았지. 이에 **박정희 정부**는 경제 개발이야말로 나라의 가장 중요한 과제라고 생각했어. 그래서 **경제 개발 5개년 계획**을 세우고 빠르게 경제 성장을 이루는 것을 목표로 했어.

"먹고사는 문제를 해결해야 국민의 지지를 얻을 수 있어!"

박정희 정부는 공업을 발전시켜 생산한 물건을 외국에 *수출하는 데 힘썼어. 처음에는 옷이나 신발처럼 값싸고 단순한 상품을 외국으로 수출했지. 그러다가 나중에는 자동차나 배처럼 크고 비싼 상품들도 생산해 수출했어.

그런데 공장을 지으려면 많은 자금이 필요했어. 우리나라는 처음

에는 주로 일본과 미국에서 자금을 빌려 와 공장을 건설했어. 우리나라 광부와 간호사들이 독일에 가서 일하며 벌어들인 돈도 우리 경제를 일으키는 데 큰 보탬이 되었지.

경제가 성장하면서 나라 곳곳에 많은 공장이 들어섰어. 해외 수출은 크게 늘어서 1977년에 수출액 100억 달러를 달성했지. 도시에는 높은 빌딩이 늘어 갔어. 전국을 가로지르는 고속도로도 만들어져 자동차들이 쌩쌩 달리기 시작했지. 실로 **눈부신 경제 성장**이었어. 그 모습에 놀란 외국에서 우리나라의 경제 성장을 '한강의 기적'이라고 부를 정도였어.

하지만 이렇게 빠른 경제 성장을 이루기까지 많은 **노동자의 희생**이 뒤따랐어. 기업들은 더 많은 돈을 벌기 위해 노동자들의 몫을 제대로 챙겨 주지 않았지. 노동자들은 건강을 해치는 *열악한 환경에서 오랜 시간 일해야 했어. 일하다가 사고를 당하더라도 제대로 된 보상을 받지 못하는 경우가 많았어.

1970년에는 서울의 의류 공장에서 일하던 **전태일**이 노동자의 권리를 보장하라고 요구하며 스스로의 몸을 불태우는 일도 있었어.

"우리는 기계가 아니다! 노동자들의 권리를 보장하라!"

이 사건은 많은 사람의 마음을 울렸어. 그 뒤로 노동 문제에 대한 사람들의 관심이 높아지기 시작했지.

낱말 체크

★**수출** 국내의 상품이나 기술을 외국으로 팔아 내보냄.

★**열악하다** 품질이나 능력, 시설 따위가 매우 떨어지고 나쁘다.

전태일

전태일은 의류 공장의 어린 여성 노동자들이 먼지로 가득한 좁은 작업장에서 잠까지 줄여 가며 노동을 강요당하는 현실에 분노했어. 여러 차례 개선을 요구했지만 받아들여지지 않자, 스스로 목숨을 희생하면서 노동자들의 어려움을 사람들에게 알리려고 했어.

❓ 포항 종합 제철 회사

1960년대 후반부터 박정희 정부는 철강, 자동차, 배, 기계처럼 무겁고 규모가 큰 제품을 만드는 공업 발달에 힘썼어. 이를 위해서는 질 좋은 철강을 생산하는 게 필요했지. 그래서 경상북도 포항에 포항 종합 제철 주식회사를 세웠어.

쏙쏙 퀴즈 맞는 것 고르기

1 박정희 정부는 '경제 (**개발**/유지) 5개년 계획'을 세웠다.

2 전태일은 목숨을 바쳐 (자본가/**노동자**)의 권리를 보장하라고 요구했다.

현대 1970년대

143 유신 선포와 민주화 운동

#유신 헌법 #긴급 조치
#민주화 운동 #김재규
#이제독재끝!...이아니네

1967년에 두 번째로 대통령에 당선된 박정희는 얼마 뒤 대통령을 세 번까지 할 수 있도록 헌법을 고쳐 버렸어. 그만큼 권력을 유지하고 싶은 마음이 컸던 거야. 하지만 반대 *여론도 그만큼 커졌어.

"또 박정희야? 이제는 다른 사람이 대통령을 할 때도 되었지."

위기감을 느낀 **박정희 정부**는 1972년 **유신 헌법**을 선포했어. 이에 따라 대통령을 할 수 있는 횟수에 제한이 아예 없어졌어. 대통령 선거 방식도 국민의 직접 선거가 아니라 **통일 주체 국민 회의**란 곳에서 대통령을 뽑는 간접 선거 방식으로 바뀌었지. 박정희가 죽을 때까지 대통령을 할 수 있는 길이 열린 거야.

유신 헌법에 따라 대통령의 권한은 더욱 막강해졌어. 대통령은

국회 의원의 3분의 1과 판사까지도 임명할 수 있었어. 또 비상 상황에서 **긴급 조치**를 내릴 수 있었는데, 이것은 헌법도 무시할 수 있는 엄청난 권한이었지. 쉽게 말하자면 대통령이 원하는 대로 온 나라를 주무를 수 있게 된 거야.

그러자 박정희 정부의 독재 정치에 반대하는 목소리가 전국에서 터져 나왔어. 하지만 박정희 정부는 수시로 긴급 조치를 내려 민주화를 요구하는 시민들을 폭력적으로 억눌렀어.

"민주주의를 돌려 달라! 유신 헌법을 없애라!"
"정부에 반대하는 것들은 싹 다 잡아들여!"

박정희 정부의 독재 정치는 더욱 살벌해졌어. 수많은 학생, 시민이 유신 헌법에 반대하며 **민주화 운동**을 하다가 붙잡혀 모진 고문을 겪었지. 하지만 그럴수록 점점 많은 사람이 정부에 등을 돌렸어.

1979년에는 부산과 마산 지역에서 유신 헌법에 반대하는 큰 시위가 열렸어. 박정희는 군대까지 보내 폭력적으로 시위를 진압하려고 했지. 그러나 당시 중앙정보부장이던 **김재규**가 여기에 반대했어. 1979년 10월 26일, 김재규는 결국 박정희를 총으로 쏴 버렸지. 18년간이나 대한민국을 쥐락펴락했던 박정희는 그렇게 죽음을 맞이했어.

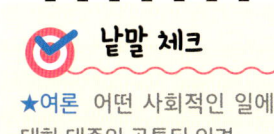

낱말 체크
★**여론** 어떤 사회적인 일에 대한 대중의 공통된 의견.

1970년대 장발 단속

1970년대 박정희 정부는 국민의 생활을 여러 면에서 통제했어. 심지어 남자가 머리를 길게 기르는 것이 불쾌감을 준다며 단속하기도 했지. 단속에 나선 경찰들은 거리에서 장발을 한 남성을 발견하면 다짜고짜 붙잡아 머리를 싹둑 잘라 버렸어.

유신 헌법 시기의 대통령 선거 모습

당시 대통령 선거는 통일 주체 국민 회의 대의원들의 투표로 이루어졌는데, 박정희를 지지하는 사람만 대의원이 될 수 있었어. 그러니 공정한 선거가 될 리 없었지. 후보자는 박정희 1명뿐이었고, 사실상 대의원 전원이 박정희에게 찬성표를 던졌어.

쏙쏙 퀴즈 - 맞으면 O, 틀리면 X

1. 박정희 정부는 유신 헌법을 선포해 대통령의 권한을 크게 줄였다.

2. 수많은 사람이 민주화 운동을 하다가 붙잡혀 모진 고문을 겪었다.

현대 1980년

144 신군부와 5·18 민주화 운동

#신군부 집권
#5·18 민주화 운동
#시민에게총을쏘다니…

　박정희가 죽자, 민주화가 이루어질 것으로 기대하는 사람들이 많았어. 하지만 그 기대는 곧 산산조각이 나고 말았지. 1979년 **전두환**을 비롯한 일부 군인들이 군사 정변을 일으켜 권력을 장악한 거야! 이들을 '새로운 군사 권력'이라는 뜻에서 **신군부**라고 불러. 신군부가 권력을 차지하자, 전국에서 민주화를 요구하는 시위가 일어났어.

　"신군부는 물러나라! 민주 헌법을 만들어라!"

　1980년 5월 **전라남도 광주**에서 신군부에 반대하는 대학생들의 시위가 크게 일어났어. 신군부는 광주에 군대를 보내 시위를 진압하도록 했지. 5월 18일, 광주에 들어선 군인들은 곤봉으로 대학생들을 마구 때리며 폭력적으로 시위를 진압했어. 그러자 분노한 광

주 시민들도 학생들 편에 섰어. 광주 금남로 일대에서는 대규모 시위가 벌어졌지.

군인들은 광주로 향하는 모든 길을 막아 버리고, 전화선마저 끊어 버렸어. 그리고 시위를 벌이는 시민들에게 마구잡이로 총을 쏴 댔지. 순식간에 도시는 *아수라장이 되었어. 수많은 사람이 목숨을 잃었지. 더는 참을 수 없었던 시민들은 무기를 들고 시민군이 되어 싸우기 시작했어.

"가족과 친구들의 목숨은 우리가 지킨다! 군인들을 몰아내자!"

광주 시민들은 전남 도청에서 최후까지 거세게 저항했지만, 대규모 군대를 막을 힘은 없었어. 결국 많은 시민이 희생되는 것으로 끝나고 말았지. 1980년 5월 18일부터 5월 27일까지 있었던 이 사건을 **5·18 민주화 운동**이라고 불러. 정의롭지 못한 정부의 폭력에 시민들이 용감하게 맞선 사건이야.

5·18 민주화 운동을 힘으로 누른 신군부는 자신들을 비판하는 일이 없도록 신문과 방송을 통제했어. 신군부를 이끌던 전두환은 곧 대통령이 되었어. 전두환 정부는 야간 *통행금지를 없애고 프로 야구 경기를 여는 등 자유로운 분위기를 만들기도 했어. 하지만 이것은 국민의 관심을 다른 곳으로 돌려 민주화 요구를 차단하기 위한 것이었지. 여전히 국민들은 직접 대통령을 뽑을 수 없었고, 민주주의는 아직 멀게만 느껴졌어.

낱말 체크

★**아수라장** 싸움이나 그 밖의 다른 일로 큰 혼란에 빠진 상태.

★**통행금지** 어떤 장소를 지나다니지 못하게 하는 것.

삼청 교육대

전두환 정부는 범죄자와 불량배들을 교육시킨다면서 삼청 교육대를 만들었어. 그러나 실제로는 범죄자뿐 아니라 정부를 비판하는 정치인과 시민들도 이곳으로 끌려왔지. 이들은 가혹한 훈련을 받고 폭력을 당했어.

🔍 시민군에 나눠 줄 밥을 짓는 사람들

5·18 민주화 운동 때 많은 광주 시민들이 한마음이 되어 정부군의 폭력에 맞섰어. 광주 시민들은 자발적으로 시민군에게 나눠 줄 밥을 지었어. 광주 적십자 병원에서는 다친 시민군을 헌신적으로 치료했지.

맞는 것 고르기

1 1979년, 박정희가 죽자 (전두환/**김재규**) 등 신군부가 정권을 장악했다.

2 (**광주**/서울) 시민들은 5·18 민주화 운동을 일으켜 신군부에 저항했다.

현대 1987년

145 6월 민주 항쟁이 일어나다

#6월 민주 항쟁
#6·29 민주화 선언
#대통령은내가직접뽑음

전두환 정부의 탄압에도 불구하고, 용기 있는 학생들과 정치인들은 계속해서 민주화를 요구하는 목소리를 냈어.

"국민이 직접 대통령을 뽑을 수 있게 하라!"

그러던 중 온 국민의 분노를 일으키는 사건이 일어났어. 민주화 운동에 참여했던 대학생 **박종철**이 경찰에게 고문을 받다가 목숨을 잃은 거야! 사건이 세상에 알려지자, 경찰은 "책상을 탁 치니, 억! 하고 죽었다."는 말도 안 되는 변명만 늘어놓았어.

그러자 전국에서 박종철의 죽음을 슬퍼하며 사건의 진실을 밝힐 것을 요구하는 시위가 벌어졌어. 직접 선거로 대통령을 뽑도록 하라는 요구도 터져 나왔지. 그러나 정부는 여전히 꿈쩍도 않고 시위

를 진압하는 데 열심이었어.

그러다가 1987년 6월 9일, 시위에 참여했던 대학생 **이한열**이 경찰이 쏜 *최루탄에 맞아 쓰러지는 사건이 일어났어. 병원으로 실려 간 이한열은 끝내 숨을 거두고 말았지. 이 사건으로 끓어오르던 시민들의 분노가 폭발하고야 말았어. 6월 10일, 전국 곳곳에서 벌어진 시위에 학생과 정치인뿐 아니라 '넥타이 부대'라고 불렸던 일반 직장인들도 참여했어. 그리고 6월 26일에는 전국에서 130만 명 이상의 사람들이 시위에 나섰어. 엄청난 규모의 시위가 벌어진 거야. 이것을 **6월 민주 항쟁**이라고 해.

전국적인 저항에 놀란 전두환 정부는 국민들의 민주화 요구를 받아들일 수밖에 없었어. 정부 *여당의 대통령 후보였던 **노태우**가 나서서 국민이 직접 대통령을 뽑을 수 있도록 헌법을 바꾸겠다고 선언했지. 이것이 **6·29 민주화 선언**이야. 그리고 그해 가을에는 새로운 헌법이 만들어졌어.

"대통령의 *임기는 5년이고, 한 번만 대통령을 할 수 있다. 대통령은 국민이 직접 선거하여 뽑는다."

민주화를 향한 국민들의 의지가 헌법을 바꿔 낸 거야. 6월 민주 항쟁은 국민이 국가의 주인임을 확실히 보여 준 사건이었어. 이후 우리나라의 민주주의는 본격적으로 발전하게 돼.

낱말 체크

★**최루탄** 눈물샘을 자극하여 눈물을 흘리게 하는 약이나 물질을 넣은 탄환.
★**여당** 현재 정권을 잡고 있는 정당.
★**임기** 임무를 맡아 보는 일정한 기간.

6·29 선언을 하는 노태우

1987년 6월 29일 정부 여당인 민주 정의당의 당 대표이자 대통령 후보였던 노태우는 국민의 뜻에 따라 대통령 직선제를 실시하겠다고 선언했어.

명동 성당에서 시위 중인 시민들

6월 항쟁 당시 서울의 명동 성당은 시위에 나선 시민들의 피난처였어. 많은 시민이 경찰의 폭력 진압을 피해 명동 성당으로 모여들어 시위를 이어 갔어. 성직자들도 시민들을 보호하며 경찰의 진압에 맞섰지. 이후 명동 성당은 '한국 민주화의 성지'라고 불리게 되었어.

쏙쏙 퀴즈 맞으면 O, 틀리면 X

1. 박종철은 시위에 참여했다가 경찰이 쏜 최루탄에 맞아 목숨을 잃었다.

2. 6월 민주 항쟁 결과, 국회에서 국회 의원들이 대통령을 뽑게 되었다.

현대 1987년 이후

146 민주주의가 발전하다

#민주주의 #시민운동
#지방 자치 제도
#어둠을밝히는촛불시위

1987년 6월 민주 항쟁으로 **민주주의**의 기본 질서가 자리 잡은 뒤, 다양한 분야에서 민주주의가 발전해 왔어. 시민들은 여러 사회 문제를 해결하기 위한 단체를 만들고 사회 운동에 참여했지. 처음에는 주로 **노동 운동**과 **농민 운동** 위주였지만, 점차 환경이나 여성, 교육 등 다양한 분야에서 ***시민운동**이 활발해졌어.

"노동자도 사람이다. 노동 환경을 개선하라!"
"환경을 파괴하는 플라스틱 사용을 줄입시다!"
"직장에서 남녀를 차별하지 마라!"

정부도 민주주의가 뿌리내릴 수 있도록 노력했어. 1990년대 들어서는 **지방 자치 제도**를 *전면적으로 실시했지. 지방 자치 제도

란 지방의 일을 그 지방 주민의 뜻에 따라 지방 기관에서 처리하는 것을 말해. 그전까지는 지방 주민의 뜻과는 상관없이 중앙 정부의 지시에 따라 지방의 일을 처리하는 것이 일반적이었지. 하지만 이제 지방 주민들이 직접 자신들의 대표자를 뽑고 그 대표자를 통해 지방의 일을 처리하게 된 거야.

"오늘은 우리 도시의 시장을 뽑는 날이로군!"

민주주의가 발전하면서 **표현의 자유**도 확대되었어. 전에는 누군가 정부를 비판하면 경찰이나 정보 기관에 잡혀가지 않을까 걱정해야 했었지. 그러나 점차 누구든지 자신의 생각을 자유롭게 말할 수 있게 되었어. 이것이 바로 표현의 자유야. 특히 2000년대 들어서 인터넷이 발달하고 스마트폰이 널리 퍼지면서 온라인 공간을 통해 자유롭게 서로의 의견을 나누는 경우가 많아졌지.

또 이전과 달리 **촛불 집회** 같은 새로운 시위 문화가 만들어지기도 했어. 시민들이 어둠 속에서 촛불을 밝히고 평화적인 시위를 벌여 정부의 정책을 비판하거나 변화를 요구하게 된 거야.

우리의 할아버지와 할머니, 그리고 아버지와 어머니 세대는 민주주의를 소중하게 지키고 발전시켜 왔어. 우리가 오늘날 자유롭게 우리의 생각을 말하고 더 나은 사회를 꿈꿀 수 있는 것은 그 덕분이야. 그러니 우리도 앞으로 민주주의를 잘 지키고 발전시켜 나가야겠지?

낱말 체크

★**시민운동** 시민의 입장에서 행하여지는 정치·사회 운동.

★**전면적** 일정한 범위 전체에 걸치는.

다양한 시민운동의 등장

환경 운동에 참여 중인 시민들의 모습이야. 민주주의가 발전하면서 다양한 시민운동이 등장했어.

촛불 집회

2000년대 이후로 촛불 집회와 같은 시위 문화가 널리 퍼졌어. 시민들은 평화적으로 질서를 지키면서도 효과적으로 자신들의 주장을 사회에 알리기 위해 촛불 집회를 벌였어.

쏙쏙 퀴즈 맞는 것 고르기

1 1990년대 들어서 지방 (통제/**자치**) 제도를 전면적으로 실시했다.

2 민주주의가 발전하면서 표현의 자유가 (**확대**/축소)되었다.

147 외환 위기를 극복하다

#외환 위기 #IMF 지원
#금모으기 운동
#어려울땐하나되는대한민국

우리나라는 1960년대 이후 1990년대까지 빠른 경제 성장을 이루었어. 1953년 우리나라의 1인당 국민 소득은 67달러밖에 되지 않았지만, **김영삼 정부** 때인 1994년에는 1만 달러를 넘어서게 되었지. 그만큼 사람들의 씀씀이도 커졌고 잘사는 사람도 늘어났어.

경제 사정이 좋았기 때문에 여러 기업이 외국에서 큰돈을 빌려 와 많은 사업을 벌이곤 했어. 겉으로 보기에는 기업이 성장한 것 같았지만, 실제로는 어마어마한 빚을 지고 있었지.

그러던 중 1997년 아시아 국가들에서 경제 위기가 발생했어. 놀란 외국인들은 우리나라에 투자한 자금을 빼내기 시작했어. 외국과 거래할 때 쓰는 돈을 '외환'이라고 하는데, 보통은 미국 돈인 달러화

(dollar貨)를 뜻해. 외국인 투자자들이 달러를 빼 가자 우리나라가 보유한 외환도 바닥나 버렸지.

많은 빚을 지고 있던 기업들은 차례차례 무너지기 시작했어. 기업들에 돈을 빌려줬던 은행들도 돈을 돌려받지 못해 문을 닫게 되는 경우가 많았지. 이것을 **1997년 외환 위기**라고 해. 결국 당시의 김영삼 정부는 **★국제 통화 기금(IMF)**에 손을 내밀었어.

"우리나라에 긴급히 외환을 빌려주시오."

"좋소. 대신 부실한 기업을 정리하고 나라의 지출도 줄이시오!"

1998년 김영삼 정부의 뒤를 이은 **김대중 정부**는 외환 위기를 극복하기 위해 여러 조치를 취했어. 부실한 기업을 정리해서 없애는 한편, 기업의 비용 부담을 줄이기 위해 기업이 노동자들을 쉽게 **★해고** 할 수 있게 법을 바꿨지. 그 결과 실제로 많은 노동자가 직장을 잃기도 했어. 외환 위기로 위한 고통을 우리 국민들이 나누어 짊어졌던 거야.

전 국민이 고통을 견디며 노력한 결과, 우리나라는 4년 만인 2001년에 국제 통화 기금에서 빌린 외환을 모두 갚을 수 있었어. 위기를 딛고 일어선 우리나라는 이후 꾸준히 경제 성장을 이루어, 마침내 세계 열 손가락 안에 드는 **경제 강국**이 되었지.

낱말 체크

★국제 통화 기금(IMF) 국제 연합(UN)의 금융 기구. 외환이 부족한 나라에 돈을 빌려주는 일을 한다.

★해고 돈을 받고 일하던 곳에서 내보내는 것.

외환 위기로 생겨난 문제

외환 위기를 극복하는 과정에서 생겨난 문제들이 있어. 기업이 노동자를 쉽게 해고할 수 있게 되면서 일자리가 불안정한 '비정규직' 노동자의 수가 많아졌어. 또 잘사는 사람들과 가난한 사람들 사이의 격차가 커지는 '양극화' 현상이 나타났지. 모두 앞으로 우리가 해결해야 할 과제야.

금 모으기 운동

우리나라가 국제 통화 기금으로부터 많은 달러를 빌리게 되자, 우리 국민들은 자발적으로 집에 있던 금반지나 금목걸이 등을 모아 빌린 달러를 갚자는 운동을 벌였어. 나라의 빚을 갚기 위해 금 모으기 운동을 벌인 것은 전 세계적으로도 보기 드문 일이야. 우리 국민의 단결력을 보여 준 사건이었지.

쏙쏙 퀴즈 맞으면 O, 틀리면 X

1 1997년 외환 위기는 우리나라 돈인 원화가 부족해서 일어났다. ☐

2 우리 국민들은 고통을 견디며 외환 위기를 극복해 냈다. ☐

현대

148 남북한 관계의 개선을 위한 노력

#평화 통일 #햇볕 정책
#남북 공동 선언
#통일되면평양냉면먹어야지

오랫동안 꽁꽁 얼어붙어 있던 남북한 관계에도 조금씩 변화가 나타났어. 1972년 남북은 함께 **7·4 남북 공동 성명**을 발표해 처음으로 **평화 통일의 원칙**을 밝혔어. 그리고 남북의 문제를 해결하기 위해 남북 조절 위원회를 개최했지.

"남북이 서로 힘을 합쳐 평화적인 방법으로 통일합시다!"

1991년에는 남북한이 함께 국제 연합(UN)에 가입했어. 남북한이 서로를 인정한 셈이었지. 같은 해 12월에는 **남북 기본 합의서**를 발표해 통일의 원칙을 확인하고 서로 교류할 것을 약속했어.

1998년 **김대중 정부**는 **햇볕 정책**을 추진했어. 꽁꽁 얼어붙은 남북 관계를 녹이기 위해서는 북한에 대한 협력과 지원이 필요하다는

생각이었지. 김대중 정부는 경제적으로 큰 어려움을 겪고 있던 북한에 경제적인 지원을 해 주었어. 그 뒤로 남한 주민들이 북한 금강산을 여행하는 금강산 관광 사업도 시작되었지.

2000년에는 분단 이후 처음으로 남북한 *정상의 만남이 이루어졌어. 남한의 김대중 대통령과 북한의 김정일 국방 위원장은 북한 평양에서 만나 **6·15 남북 공동 선언**을 발표했지. 두 정상은 통일 방식에 합의하고, 남북에 흩어진 이산가족이 서로 만날 수 있도록 협력하기로 했어. 그 뒤 여러 차례 남북 이산가족의 만남이 이루어졌지.

"아이고, 어머니, 살아 계셨군요! 너무 보고 싶었어요, 흑흑…."

노무현 정부 때에는 북한의 개성시에 남한 기업이 공장을 세우고 북한 노동자를 고용해 제품을 생산했어. 이곳이 **개성 *공단**이야. 2018년에는 남한의 문재인 대통령과 북한의 김정은 국무 위원장이 만나 남북 관계 개선을 약속했어.

남북의 화해와 교류는 여러 차례 중단되기도 했어. 북한이 *핵무기 개발을 반복해서 시도하면서 남북한 관계가 얼어붙었던 거야. 그러자 금강산 관광도 중단되고 개성 공단도 문을 닫게 되었지. 남북 관계는 여전히 살얼음판 위를 걷는 것처럼 불안해. 그래도 남과 북이 함께 평화와 번영을 누리려면 대화와 교류를 이어 나가는 게 필요해.

낱말 체크

★**정상** 한 나라의 최고 책임자.

★**공단** '공업 단지'를 줄인 말.

★**핵무기** 다양한 분야에서의 대중문화의 성장은 우리에게 큰 즐거움을 주고 사람들의 생각을 더욱 풍요롭게 만들어 줬어.

북한의 핵무기 개발

1990년대 이후 세계에서 고립되기 시작한 북한은 자신들의 안전을 지키겠다면서 핵미사일 개발에 열중했어. 하지만 위험천만한 핵무기를 개발하는 것은 남북 사이의 대화와 협력을 위한 노력에 찬물을 끼얹는 일이었지. 한반도의 평화를 위해서는 이 문제를 슬기롭게 해결하는 것이 필요해.

남북 이산가족 상봉

남북 이산가족은 1985년 처음 만난 후 한동안 만나지 못했다가, 2000년 이후 20차례 다시 만날 수 있었어. 수십 년 만에 만난 가족들은 하염없이 눈물만 흘리며, 보는 이들의 안타까움을 자아냈지. 하지만 남과 북에는 아직도 가족을 찾지 못한 많은 이산가족이 남아 있어.

쏙쏙 퀴즈 맞는 것 고르기

1 분단 이후 남북의 정상이 처음 만난 것은 (김영삼/**김대중**) 정부 때다.

2 (**개성**/평양) 공단에서는 남한 기업이 세운 공장에서 북한 노동자들이 일했다.

149 대중문화가 성장하다

#대중 문화 성장
#가요 #영화 #스포츠
#2002월드컵_4강신화!

1960년대 이후 경제가 성장하고 라디오와 텔레비전이 보급되면서 *대중문화가 함께 성장했어. 사람들은 라디오에서 흘러나오는 유행가를 따라 부르기도 하고, 텔레비전 앞에 모여 앉아 다같이 드라마를 보며 눈물을 흘리기도 했지.

"어서들 모여 봐! 벌써 드라마 할 시간이라고!"

1970년대에는 대학생들 사이에서는 청바지와 *통기타가 유행했어. 머리를 길게 기르고 통기타를 치며 노래를 부르는 모습은 그 때 당시의 **청년 문화**를 대표하는 모습이었지.

1980년대부터는 대중가요계가 빠르게 성장했어. 그리고 1990년대 들어서 **다양한 음악**이 유행하며 큰 사랑을 받았지. 청소년들은

서태지와 아이들, H.O.T. 같은 새로운 가수들의 등장에 열광했어.

"난~ 알아요! 이 밤이 흐르고 흐르면….”

"단지 널 사랑해~ 이렇게 말했지~♬"

영화 산업도 빠르게 성장했어. 1990년대 이후로 뛰어난 감독과 배우들이 많이 등장해 우리나라 영화의 수준이 높아졌지. 박찬욱, 봉준호 등은 세계적으로 유명한 영화 감독이 되었고, 뛰어난 연기로 국제 ★영화제에서 상을 받는 배우들도 늘어났어.

스포츠의 인기도 높아졌어. 1980년대 프로 야구를 시작으로 축구, 농구, 배구 등 여러 종목에서 프로 리그가 만들어졌지. 경기장에 가서 좋아하는 팀의 경기를 관람하며 응원하는 문화도 생겼어.

우리나라는 1988년 서울 올림픽 대회, 2002년 한일 공동 월드컵 대회, 2018년 평창 동계 올림픽 대회 등 **국제 스포츠 행사**도 성공적으로 개최했어. 우리나라 대표팀이 경기에 출전할 때마다 많은 국민이 하나로 뭉쳐 열띤 응원을 펼쳤지.

"오~ 필승 코리아! 대한민국 이겨라!"

2000년대에는 인터넷이 발달하면서 이 스포츠(e-sports)라는 새로운 대중문화가 만들어졌어. 사람들은 이제 인터넷에 접속해 다른 사람과 게임을 즐기기도 하고, 유명 선수들의 경기를 온라인으로 시청하고 있지. 다양한 분야에서의 대중문화의 성장은 우리에게 큰 즐거움을 주고 사람들의 생각을 더욱 풍요롭게 만들어 줬어.

낱말 체크

★**대중문화** 사회를 이루는 많은 사람들에 의해 만들어진 문화.

★**통기타** 소리를 내는 통이 달린 보통의 기타.

★**영화제** 많은 영화 작품을 모아서 상영하는 행사.

서태지와 아이들

1992년에 등장한 서태지와 아이들은 10대 청소년들에게 엄청난 인기를 끌었어. 이들의 음악은 신선했고 빠른 리듬과 랩, 격렬한 춤이 특징이었지. 서태지와 아이들의 등장 이후 가요계의 분위기는 완전히 바뀌었고, 10대 취향의 댄스 음악이 큰 인기를 끌게 되었어.

쏙쏙 퀴즈 맞으면 O, 틀리면 X

1 1970년대에는 서태지와 아이들, H.O.T. 같은 새로운 가수들이 등장했다.

2 우리나라에서는 올림픽 같은 국제 스포츠 행사를 개최한 적이 없다.

거리 응원을 펼치는 사람들

2002년 한일 공동 월드컵 때, 우리나라 대표팀의 경기가 있는 날이면 거리에 수많은 사람이 모여 뜨거운 응원전을 펼쳤어. 붉은 옷을 맞춰 입은 사람들은 "대~한민국"을 외치면서 한마음으로 우리나라 대표팀을 응원했지.

150 전 세계 속의 한류 열풍

#한류
#케이 팝
#세계인이즐기는한국문화

우리나라의 **대중문화**는 차츰 세계로 뻗어 나갔어. 1990년대부터 「겨울연가」, 「대장금」 등 우리나라 드라마들이 중국과 일본을 비롯한 아시아 지역에서 방영되면서 큰 인기를 끌었지.

"「대장금」 정말 재미있어요!"

"욘사마(배용준), 너무 멋져요!"

그 덕에 외국에서도 우리나라 문화에 대한 관심이 크게 높아졌어. 또 비슷한 시기에 한국 대중음악을 뜻하는 **케이 팝(K-pop)**이 아시아 지역에서 인기를 끌기 시작했지. 이처럼 우리나라의 대중문화가 해외에서 유행하는 현상을 **한류**라고 불러.

한류는 드라마와 음악에서 시작해서 점점 다양한 분야로 그 영역

을 넓혀 갔어. 2000년대 이후로는 음식, 화장품, 전자 제품 등 우리나라와 관련된 상품들도 인기를 끌었지. 외국의 대도시에는 한국 상품을 파는 가게가 늘어났고, 한국 상품을 사기 위해 우리나라로 여행을 오는 외국인들도 많아졌어.

2012년에 발표된 가수 싸이의 '강남 스타일'은 우리나라와 아시아를 넘어 전 세계에서 많은 사랑을 받은 노래였어. 신나는 음악과 익살스러운 뮤직비디오는 ★팝 음악의 본고장인 미국에서도 큰 인기를 얻었지.

"오, 오, 오, 오, 오빤 강남 스타일!"

최근에는 누리 소통망(SNS)이나 유튜브(YouTube) 같은 동영상 ★공유 서비스의 발달로 한류는 세계적인 인기를 얻게 되었어. 아시아, 아메리카, 유럽, 아프리카, 오세아니아 전 세계 어디를 가든 한국 문화를 좋아하는 사람들을 찾아볼 수 있지. 방탄소년단(BTS)이나 블랙핑크 등 세계적으로 큰 인기를 누리는 아이돌 그룹도 등장했어. 세계 사람들의 눈길을 사로잡은 드라마나 영화도 만들어졌지.

이처럼 한류는 세계 사람들에게 즐거움을 주고, 나아가 그들을 하나로 묶어 주고 있어. 우리의 문화를 세계 사람들과 나눌 수 있다는 건 정말 멋진 일이야. 우리 친구들도 자부심을 갖고 우리 문화를 더욱 발전시켜 나갈 수 있길 바라!

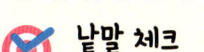

낱말 체크

★팝 미국 등 서양의 대중음악.
★공유 여러 사람이 한 물건을 공동으로 소유하는 것.

한국어를 공부하는 외국인들

한류 열풍으로 우리나라의 문화와 한국어에 관심을 갖는 외국인들이 늘어나고 있어.

케이 팝 공연을 즐기는 외국인들의 모습

케이 팝의 세계적인 인기와 함께 우리나라의 공연장을 찾거나 외국에서 우리 가수들의 공연을 관람하는 외국인이 늘어나고 있어.

맞는 것 고르기

1. 영어로 우리나라의 대중음악을 뜻하는 말은 '(케이/제이) 팝'이다.

2. 우리나라의 대중문화가 해외에서 유행하는 현상을 (한류/중류)라고 한다.

자랑스런 대한민국

 남북 분단과 6·25 전쟁

우리 민족은 1945년 광복을 맞이했지만, 한반도는 곧 남북으로 분단되었어. 좌우 합작 운동처럼 통일 정부를 세우려는 노력에도 불구하고 결국 남한과 북한에는 각각의 정부가 수립되었지. 북한은 한반도를 무력으로 통일하려고 6·25 전쟁을 일으켰어. 전쟁으로 많은 사람이 죽고 큰 피해를 입었어.

독재 정권의 지속과 경제 개발

이승만 정부의 부정 선거에 분노한 시민들은 1960년 4·19 혁명을 일으켰어. 그러나 곧 박정희를 비롯한 일부 군인들이 5·16 군사 정변을 일으켜 정권을 장악했지. 박정희 정부는 경제 개발 계획을 세우고 경제 개발에 힘썼어. 그러나 유신 헌법을 선포하고 독재 정치를 강화하자 거센 국민적 저항에 부딪히고 말았어.

 신군부의 등장과 민주주의 발전

민주화에 대한 국민의 기대는 신군부의 등장으로 다시 깨져 버렸어. 전두환 정부는 5·18 민주화 운동을 폭력적으로 탄압했지. 하지만 국민의 민주화 요구는 더욱 거세졌어. 마침내 1987년 6월 민주 항쟁으로 국민들은 직접 대통령을 뽑을 수 있게 됐어. 이후로는 지방 자치 제도가 정착하는 등 여러 분야에서 민주주의가 발전했어.

세계 속의 대한민국

빠르게 성장하던 우리 경제는 1997년 외환 위기로 휘청거렸어. 국민의 피나는 노력 끝에 경제 위기를 극복할 수 있었지. 경제 성장과 함께 다양한 분야에서 대중문화가 발전해 왔어. 드라마, 영화, 음악을 중심으로 우리나라의 대중문화가 세계적인 인기를 끄는 한류 열풍도 나타나게 되었지.

암호를 풀자!

그동안 역사 탐험은 재미있었나? 다음 암호를 풀면 마지막 간식을 주지. 각각의 빈칸에 들어갈 알맞은 것을 고르고 낱말 아래의 큰 글자를 차례대로 쓰면 암호를 알아낼 수 있어.

1 ○○○○년 우리나라는 일본의 지배에서 벗어나 광복을 맞이했어.
- ☐ 1950 — 처
- ☐ 1945 — 다

2 ○○○과 김규식은 통일 정부 수립을 위해 좌우 합작 운동을 벌였어.
- ☐ 이승만 — 시
- ☐ 여운형 — 음

3 우리나라의 첫 번째 대통령이 된 사람은 ○○○이야.
- ☐ 이승만 — 에
- ☐ 김규식 — 도

4 1960년 시민들은 ○·○○ 혁명을 일으켜 이승만 정부의 독재 정치에 저항했어.
- ☐ 4·19 — 다
- ☐ 5·16 — 전

5 ○○○ 정부는 유신 헌법을 선포하고 민주화 운동을 탄압했어.
- ☐ 박정희 — 시
- ☐ 전두환 — 해

6 1980년 전라남도 ○○에서 5·18 민주화 운동이 일어났어.
- ☐ 목포 — 보
- ☐ 광주 — 만

7 1997년 ○○ 위기를 극복하기 위해 우리 국민은 금 모으기 운동을 벌였어.
- ☐ 외환 — 나
- ☐ 환경 — 세

8 우리나라의 대중문화가 세계적인 인기를 끄는 것을 ○○라고 해.
- ☐ 대류 — 자
- ☐ 한류 — 요

그동안 수고 많았다. 마지막 간식이다!

①	②	③	④	⑤	⑥	⑦	⑧

정답 200쪽

도전! 한국사능력검정시험

좀 더 어려운 과제에 도전해 볼까?

01 밑줄 그은 '전쟁'에 대한 설명으로 옳은 것은?

1950년에 일어난 전쟁 때 폭탄을 맞아 생겨난 흔적이래. 이 전쟁으로 많은 이산가족이 생겨났어.

이 기관차에는 왜 구멍이 많은 거야?

경의선 장단역 증기 기관차

① 인천 상륙 작전을 전개하였다.
② 의열단을 조직하였다.
③ 미소 공동 위원회를 개최하였다.
④ 봉오동에서 일본군을 무찔렀다.

02 (가)에 추가할 그림의 주제로 어울리는 것은?

1970년대 대한민국의 경제

경부 고속 도로 개통 / 포항 종합 제철 회사 설립 / (가)

① 외환 위기 극복
② 수출 100억 달러 달성
③ 세계적인 한류 열풍
④ 월드컵 축구 대회 개최

03 (가)에 들어갈 민주화 운동으로 옳은 것은?

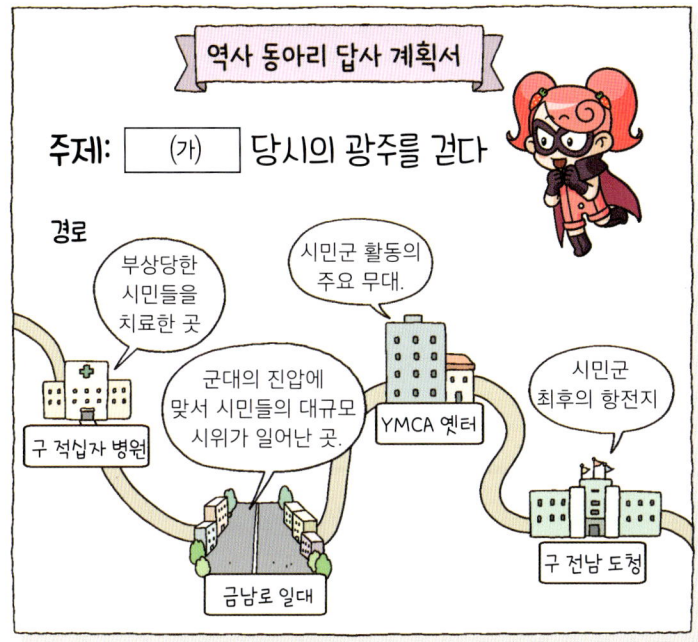

① 4·19 혁명
② 6월 민주 항쟁
③ 6·29 민주화 선언
④ 5·18 민주화 운동

04 밑줄 그은 '정부'의 통일 노력으로 옳은 것은?

① 남북 조절 위원회를 개최하였다.
② 남북한이 국제 연합에 동시 가입하였다.
③ 6·15 남북 공동 선언을 발표하였다.
④ 남북 기본 합의서를 발표했다.

정답 및 해설

1단원

쏙쏙 퀴즈
70. 반대, 위화도 71. O, X 72. 유교, 사직단 73. X, O
74. 왕, 호패 75. X, X 76. 세조, 사육신 77. X, O
78. 의정부, 3사 79. O, O 80. 사림, 대립 81. O, X
82. 서원, 지방 83. X, X 84. 이이, 예술가 85. O, X
86. 학익진, 노량 87. X, X 88. 남한산성, 효종
89. O, X 90. 붕당, 균역법 91. O, X 92. 개혁, 정약용
93. X, O 94. 연행사, 청나라 95. X, O 96. 여성, 열녀
97. O, X 98. 신윤복, 민화 99. X, O 100. 평안도, 전국

한국사능력검정시험
01. ① 02. ② 03. ② 04. ① 05. ③

해설
01. 집현전을 세우고 훈민정음을 만든 왕은 세종이야. 세종은 북쪽 여진을 물리치고 4군 6진을 개척해 조선의 영토를 넓혔어. ②는 성종, ④는 태조의 업적이야. ③은 왕이 아닌 실학자 김정호가 만들었어.

02. 『경국대전』에 대한 설명이야. ①은 정도전의 문집이고, ③은 세종 때 만든 농사짓는 법에 관한 책이야. ④는 광해군 때 허준이 펴낸 의학책이야.

03. (가) 전쟁은 임진왜란이야. 임진왜란 때 이순신은 한산도 대첩에서 일본군을 크게 물리쳤어. 나머지는 모두 고려 시대의 일로, ①은 강감찬이 거란(요)의 침입을 물리친 뒤의 일이야. ③은 몽골(원)이 침입했을 때의 일이야. ④는 고려가 여진을 정벌할 때의 일이야.

04. 사도 세자의 아들은 정조야. 정조는 호위 부대인 장용영을 만들었어. ②는 세종, ③은 흥선 대원군, ④는 성종때의 일이야.

05. 상평통보에 대한 설명이야. ①과 ②는 고려 시대에, ④는 조선 말 흥선 대원군 때 만들어진 동전이야.

2단원

쏙쏙 퀴즈
101. X, X 102. 프랑스, 척화비 103. X, O
104. 서양, 양반 유생 105. X, O 106. 전봉준, 일본군
107. O, O 108. 서재필, 만민 109. O, X
110. 커피, 전차 111. X, O 112. 헤이그, 기자
113. X, O 114. 실력, 일본 115. O, X 116. 독도, 간도

한국사능력검정시험
01. ① 02. ① 03. ② 04. ① 05. ③

해설
01. 안용복이 일본에 가서 항의한 것은 일본 어부들이 독도 앞바다를 침범했기 때문이야.

02. 급진 개화파는 서양의 기술뿐만 아니라 제도까지 받아들여 개화 정책을 강력하게 추진하려고 했어. 그래서 1884년 우정총국에서 갑신정변을 일으켰어.

03. 1894년 동학 농민 운동의 전개 과정을 나열한 것이야. ①은 병인양요, ③은 임진왜란, ④는 홍경래의 난에 관한 설명이야.

04. 갑신정변에 참여했던 서재필은 미국에서 돌아와 서양의 사상을 전하고 백성들을 깨우치기 위해서 『독립신문』을 펴냈어.

05. 사진 속 건물은 덕수궁 석조전이야. 고종이 경운궁(덕수궁)에 지은 서양식 건물로, '석조전'은 돌로 지은 궁전이라는 뜻이야.

3단원

쏙쏙 퀴즈
117. O, X **118.** 토지, 높은 **119.** X, O **120.** 독립, 폭력적 **121.** X, O **122.** 문화, 친일파 **123.** X, X **124.** 양성, 산업 **125.** O, X **126.** 민족, 신간회 **127.** 홍범도, 독립군 **128.** 폭력, 김익상 **129.** X, X **130.** 말살, 이름 **131.** O, X **132.** 이광수, 친일파 **133.** O, X **134.** 윤희순, 유관순

한국사능력검정시험
01. ③ **02.** ④ **03.** ③ **04.** ③ **05.** ②

해설
01. 일본군이 제암리 학살 사건을 일으킨 것은 1919년 3·1 운동 때의 일이야.

02. 3·1 운동 후 중국 상하이에 세워져 우리나라의 독립운동을 이끈 것은 대한민국 임시 정부야. ①, ②, ③은 대한민국 임시 정부의 활동이지만, ④는 1910년대 조선 총독부의 정책이야.

03. 일제는 1920년대에 산미 증식 계획을 실시하여 조선의 쌀 생산량을 늘렸어. 그리고 많은 쌀을 수탈해서 일본으로 가져갔지.

04. 1931년 김구는 한인 애국단을 조직했어. 그 단원이었던 이봉창과 윤봉길은 일제에 맞서 폭탄 의거를 일으켜 세상을 놀라게 했어.

05. 일제는 1937년 이후 민족 말살 정책을 펼치면서 한국인들에게 황국 신민 서사를 외우도록 했어. 당시 일제는 신사 참배도 강요했어. ① 대동법은 조선 후기에 지방의 특산물 대신에 쌀을 바치도록 한 세금 제도야. ③ 노비 제도는 1894년 갑오개혁으로 금지되었어. ④ 단발령은 1895년 을미개혁 때 실시되었어.

4단원

쏙쏙 퀴즈
135. X, O **136.** 이승만, 좌우 **137.** O, X **138.** 제헌, 이승만 **139.** O, X **140.** 부정, 4·19 **141.** X, O **142.** 개발, 노동자 **143.** X, O **144.** 전두환, 광주 **145.** X, X **146.** 자치, 확대 **147.** X, O **148.** 김대중, 개성 **149.** X, X **150.** 케이, 한류

한국사능력검정시험
01. ① **02.** ② **03.** ④ **04.** ③

해설
01. 1950년에 일어난 6·25 전쟁으로 수많은 사람이 죽거나 다치고, 많은 이산가족이 생겨났어. ②, ④는 일제 강점기에 있었던 일이고, ③은 광복 직후에 있었던 일이야.

02. 1970년대의 경제 상황에 해당하는 것은 박정희 정부 때인 1977년 우리나라가 수출 100억 달러를 달성한 일이야. ①은 2000년의 일이고, ③은 1990년대 이후, ④는 2002년에 있었던 일이야.

03. (가)는 1980년 전라남도 광주에서 일어났던 5·18 민주화 운동이야. 당시 광주의 적십자 병원, 금남로 일대, 전남 도청 등이 5·18 민주화 운동의 주요 역사적 무대였어.

04. 2000년 6월에 김대중 대통령과 북한의 김정일 국방 위원장은 남북 정상 회담을 한 후 6·15 남북 공동 선언을 발표했어. ①은 1972년 박정희 정부 때, ②와 ④는 1991년 노태우 정부 때의 일이야.

1단원
2단원

3단원
4단원

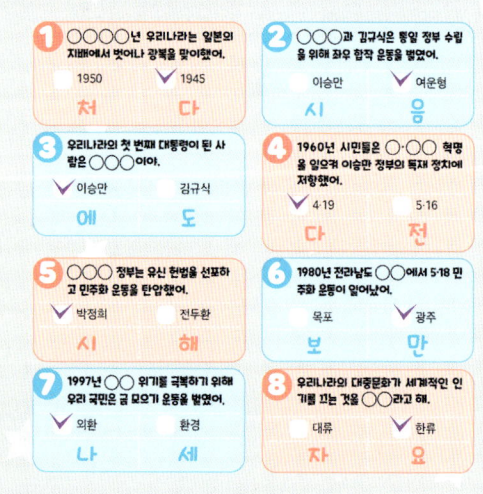

사진 제공

15 태조 어진(문화재청) | 17 도담삼봉(한국학중앙연구원), 삼봉집(문화재청) | 18 사직단(문화재청) | 19 경복궁 광화문(위키피디아), 종묘(문화재청) | 20 경복궁 근정전(문화재청) | 21 경복궁 경회루(위키피디아), 경희궁 품계석(문화재청) | 23 혼일강리역대국도지도(위키피디아), 호패(문화재청) | 27 원각사지 10층 석탑(문화재청) | 29 경국대전(국립중앙박물관) | 31 조선왕조실록(위키피디아) | 35 김종직 초상(위키피디아) | 37 조광조의 묘(문화재청) | 39 영주 소수서원(위키피디아) | 41 삼강행실도(국립중앙박물관) | 43 초충도(국립중앙박물관) | 47 현자총통(국립중앙박물관) | 49 동의보감(연합뉴스) | 51 삼전도비(위키피디아) | 55 영조 어진(국립고궁박물관), 탕평비(북앤포토) | 57 창덕궁 주합루(문화재청) | 59 수원 화성 화서문(수원시청), 거중기(한국학중앙연구원) | 61 장터길(국립중앙박물관), 상평통보(위키피디아) | 63 국서누선도(국립중앙박물관) | 65 박지원 초상, 대동여지도(위키피디아) | 67 신행길(국립중앙박물관), 신창 맹씨 족보(국립민속박물관) | 69 판소리 공연(문화재청), 말뚝이 탈(하회세계탈박물관) | 71 월하정인(문화재청), 화조도(국립중앙박물관) | 73 김조순 초상(위키피디아) | 75 선운사 도솔암 마애불(문화재청) | 79 만안교(위키피디아) | 83 흥선대원군 초상, 당백전(위키피디아) | 85 의궤(문화재청), 척화비(국립중앙박물관) | 87 강화도 조약(북앤포토), 별기군(Ogawa, Isshin) | 89 최익현 초상(국립중앙박물관) | 91 갑신정변의 주역들(독립기념관), 우정총국(문화재청) | 97 독립문(문화재청), 서재필(위키피디아) | 99 환구단, 고종(위키피디아) | 101 개항기 전차, 덕수궁 석조전(위키피디아) | 103 민영환, 덕수궁 중명전(위키피디아) | 105 헤이그 특사(독립기념관), 호머 헐버트(위키피디아) | 107 신돌석 흉상(전쟁기념관) | 109 안창호(위키피디아), 평양 대성학교(kt-collection booknfoto), 대한매일신보(국립한글박물관) | 111 안중근, 안중근의 글씨(위키피디아) | 112 독도(픽사베이) | 113 팔도총도(서울역사박물관), 독도의 갈매기(대한민국역사박물관) | 121 태형 도구(북앤포토), 일본인 교사(독립기념관) | 123 일제의 토지 측량, 동양 척식 주식회사(독립기념관) | 125 이회영, 이시영(독립기념관) | 127 제암리 학살(독립기념관) | 128 대한민국 임시 정부(위키피디아) | 129 대한민국 임시 정부 청사(독립기념관) | 135 브나로드 운동 포스터, 조선 물산 장려회 포스터(뉴스뱅크) | 137 순종(위키피디아) | 139 이상재(위키피디아), 홍명희(뉴스뱅크) | 141 간도 참변(북앤포토), 홍범도(위키피디아) | 143 의열단(위키피디아), 김원봉(뉴스뱅크) | 145 윤봉길, 김구, 이봉창(위키피디아), 윤봉길의 시계(문화재청) | 147 일본어를 공부하는 어린이(수피아 백년사), 윤동주(위키피디아) | 149 평화의 소녀상(목포시청), 금속류 공출 사진(뉴스뱅크) | 151 이광수, 최남선(위키피디아) | 153 한국 광복군 창립 기념 사진(위키피디아), 지청천(독립기념관) | 155 유관순(위키피디아), 남자현(독립기념관) | 163 신탁 통치 반대 시위(위키피디아) | 165 여운형(몽양여운형기념사업회), 김규식(위키피디아), 38선을 넘는 김구(백범김구기념관) | 167 제주 4·3 행방불명 희생자 위령비(대한민국역사박물관) | 169 5·10 총선거 투표 모습(위키피디아), 이승만 대통령(미국 국립문서기록관리청) | 171 인천 상륙 작전(연합뉴스), 폐허가 된 서울(뉴스뱅크) | 173 4·19 혁명 당시 초등학생들의 시위(뉴스뱅크), 김주열(3·15 의거 기념 사업회) | 175 5·16 군사 정변의 주도 세력(위키피디아), 한일 기본 조약에 서명하는 박정희(뉴스뱅크) | 177 포항 종합 제철 주식회사(뉴스뱅크), 전태일(전태일재단) | 179 유신 헌법 시기의 대통령 선거 모습, 1970년대 장발 단속(뉴스뱅크) | 181 시민군에 나눠 줄 밥을 짓는 사람들(5·18기념재단), 삼청 교육대(뉴스뱅크) | 183 명동 성당에서 시위 중인 시민들(박용수, 민주화운동기념사업회), 6·29 선언을 하는 노태우(뉴스뱅크) | 185 촛불 집회(뉴스뱅크), 환경 운동(연합뉴스) | 187 금 모으기 운동(뉴스뱅크) | 189 남북 이산가족 상봉, 북한의 핵미사일(연합뉴스) | 191 거리 응원을 펼치는 사람들, 서태지와 아이들 앨범(뉴스뱅크) | 193 케이 팝 공연을 즐기는 외국인들, 한국어를 공부하는 외국인들(연합뉴스) | 196 경의선 장단역 증기 기관차(문화재청)

※저작권자를 알 수 없어 게재 허락을 받지 못한 사진의 경우, 저작권자가 확인되는 대로 게재 허락을 받고 통상적인 사용료를 지불하겠습니다.

찾아보기

1997년 외환 위기 187
3·1 운동 127
3사(조선) 31, 35
4·19 혁명 173
5·10 총선거 168
5·16 군사 정변 174
5·18 민주화 운동 181
6·10 만세 운동 137
6·15 남북 공동 선언 189
6·25 전쟁 170
6월 민주 항쟁 183
6조 30
8도 23, 32
간도 113, 125, 140
갑신정변 91
갑오개혁 94
강화도 조약 86
개성 공단 189
개화파 90
거중기 59
『경국대전』 29
경복궁 18, 20, 83
경제 개발 5개년 계획 176
고종 86, 98, 104
광무개혁 98
광주 학생 항일 운동 137
광해군 48
국제 통화 기금(IMF) 187

국채 보상 운동 109
국학 65
규장각 57
균역법 55
긴급 조치 179
김구 144, 152, 165
김규식 164
김대중 187
김상옥 143
김영삼 186
김옥균 90
김원봉 142
김익상 143
김일성 165, 170
김좌진 141
김주열 173
김홍도 70
남북 협상 165
남자현 155
노태우 183
단종 26
당백전 83
대동여지도 65
대한 제국 98
대한민국 임시 정부 128, 152
도요토미 히데요시 44
독도 112
『독립신문』 96

독립 협회 96
동학 농민 운동 92
만민 공동회 97
모내기법 60
모스크바 3국 외상 회의 163
무단 통치 121
문화 통치 130
물산 장려 운동 134
미소 공동 위원회 164
민립 대학 설립 운동 135
민족 말살 정책 146
민화 71
박종철 182
박지원 65
별기군 87
병인양요 85
병자호란 51
봉오동 전투 141
북벌 운동 51
북학파 65
붕당 52
사림 35, 36, 38
사육신 27
사화 36
산미 증식 계획 132
삼정의 문란 73
상평통보 61
서원 38

202

서재필 96
선조 44, 47
성종(조선) 28, 35
세도 정치 72
세조(수양 대군) 26, 35
세종 24
수원 화성 58
신간회 139
신군부 180
신돌석 107
신미양요 85
신민회 109
신사임당 42
신윤복 71
신흥 무관 학교 125
실력 양성 운동 134
실학 64
안중근 110
안창호 109
애국 계몽 운동 108
여운형 164
연행사 63
영조 54
왕자의 난 23
위정척사 운동 88
위화도 회군 15
유관순 155
유신 헌법 178
윤봉길 145
윤희순 154
을미사변 95
을사늑약 103

의열단 142
의정부 30
이광수 151
이방원(조선 태종) 22, 32
이봉창 144
이성계(조선 태조) 14, 17
이순신 44, 46
이승만 128, 169, 172
이한열 183
이회영 124
인조 반정 49
인천 상륙 작전 171
임술 농민 봉기 75
임진왜란 44, 46
장용영 57
전기수 69
전두환 180
전봉준 92
전시 동원 체제 148
전태일 177
정도전 16, 18
정약용 59
정조 57, 58
제주 4·3 사건 167
제헌 헌법 169
조광조 37
조선 총독부 120, 123, 143
좌우 합작 운동 165
중종반정 37
지방 자치 제도 184
지청천 152
집현전 24

창덕궁 21
척화비 85
청산리 대첩 141
촛불 집회 185
최영 14
최익현 89
친일파 131, 150
케이 팝 192
탈춤 69
탕평책 55, 57
토지 조사 사업 122
통신사 62
판소리 69
풍속화 70
한국 광복군 152
한글 소설 68
한류 192
한산도 대첩 45, 46
한양 도성 18
한양 천도 17
한인 애국단 144
항일 의병 운동 106
햇볕 정책 188
향약 39
헤이그 특사 104
홍경래의 난 75
홍범도 140
환국 53
효종 51
훈구 34, 36
훈민정음 25
흥선 대원군 82

203

1판 1쇄 발행 | 2022. 9.23.
1판 2쇄 발행 | 2022.10. 5.

글 박경렬 이홍석 | **그림** 뭉선생 윤효식 | **감수** 안정준

발행처 김영사 | **발행인** 고세규
편집 이홍석 정상민 이민경 | **디자인** 윤소라 | **마케팅** 곽희은 | **홍보** 박은경 조은우
등록번호 제 406-2003-036호 | **등록일자** 1979. 5. 17.
주소 경기도 파주시 문발로 197(우10881)
전화 마케팅부 031-955-3100 | 편집부 031-955-3113~20 | 팩스 031-955-3111

값은 표지에 있습니다.
ISBN 978-89-349-4355-6 77910
ISBN 978-89-349-4373-0 (세트)

좋은 독자가 좋은 책을 만듭니다. 김영사는 독자 여러분의 의견에 항상 귀 기울이고 있습니다.
전자우편 book@gimmyoung.com | 홈페이지 www.gimmyoungjr.com

어린이제품 안전특별법에 의한 표시사항

제품명 도서 제조년월일 2022년 10월 5일 제조사명 김영사 주소 10881 경기도 파주시 문발로 197
전화번호 031-955-3100 제조국명 대한민국 ⚠주의 책 모서리에 찍히거나 책장에 베이지 않게 조심하세요.